Thomas Leopold

Banker sind anders

Die Kunst der Unternehmens-Finanzierung

Inclusive Aufbau, Form
und Inhalt eines
Kreditantrages

Impressum

Thomas Leopold
Banker sind anders
Die Kunst der Unternehmensfinanzierung

Coverillustration und Fotos
Maria Franzisca Steinkampf
www.grafik-gestaltung.de

Bibliografische Information der Deutschen Nationalbibliothek:
Die Deutsche Nationalbibliothek verzeichnet diese Publikation in der Deutschen National-bibliografie; detaillierte bibliografische Daten sind im Internet über http://dnb.dnb.de abrufbar

© 2016 Thomas Leopold
Herstellung und Verlag:
BoD – Books on Demand, Norderstedt

ISBN: 9 783743 141711

Inhaltsverzeichnis

Einleitung	5
Die Bank, das unbekannte Wesen	8
Welche Bank ist die Richtige?	22
Wie wird ein Banker ein Banker?	31
Was der Banker nicht versteht finanziert er nicht	39
Mir geht´s schlecht, was sage ich der Bank	45
Kredit abgelehnt – und sie können nichts dazu	52
Kleine Anektdoten aus dem Bankalltag	64
Kleine Anekdoten aus dem Berateralltag	80
Schönes Leben noch	101

Der Weg vom Kreditantrag bis zur
Kreditentscheidung 105

Der Kreditantrag 119

Inhalt eines Kreditantrages 124
1. Angaben über den Kreditnehmer 124
2. Markt 128
3. Gegenstand des Kreditantrages 131
4. Kreditsicherheiten 143
5. Forecast 161
6. Fazit 168
7. Wer entscheidet 169
8. Rating – was und warum 171

Über mich 175

Danke 180

Einleitung

Es ist -fast- immer das Gleiche: wenn ich Menschen kennenlerne und wir kommen auf das Thema Bank zu sprechen, dann höre ich von Kreditanträgen, die nach monatelanger Bearbeitungszeit ohne Angabe von Gründen abgelehnt wurden, von Regenschirmen, die bei Sonnenschein verteilt und bei Regen wieder eingesammelt wurden. Ich höre von Bankern, die bei Anlageempfehlungen das Blaue vom Himmel versprechen, und die bei negativer Entwicklung plötzlich nicht mehr erreichbar sind. Ich erlebe Kunden, die mit dem Wunsch nach einem Kredit zu ihrer Bank gingen, und mit einer Lebensversicherung und einem Bausparvertrag wieder herauskamen. Ich habe mit Bankern gesprochen, die in das vorgeschriebene Beratungsprotokoll Inhalte schreiben, die gar nicht Gegenstand des Gespräches waren, und von Kunden, die dies unterschreiben, ohne es zu lesen.

Als ich Anfang der 80er Jahre meine Ausbildung zum Bankkaufmann begann, da war dieser Beruf hoch angesehen. Meine

Eltern waren überzeugt, für ihren Sohn etwas gefunden zu haben, was bis zu Rente eine sichere berufliche Zukunft darstellt. Nun, sie haben nicht mit mir und meinem Freigeist gerechnet. Was aber damals nicht im Ansatz erkennbar war ist der Niedergang des Rufes dieser Branche. Ich führe keine statistischen Erhebungen durch, weiß aber, dass der Banker im Ranking der angesehenen Berufe heute ganz unten rangiert. Heute ist es in Teilen schon fast ein Schimpfwort geworden, ein Banker zu sein. Und die "Banken" haben sich wirklich alle Mühe gegeben, diesen Niedergang voranzutreiben.

Es hat Zeiten gegeben, da habe ich mich geschämt, bei der Frage nach meinem Beruf "Banker" zu sagen. Wenn ich heute Vorträge halte, dann stelle ich mich gerne mit den Worten "Ich bin Banker - gewesen" vor. Ok, heute bin ich Unternehmensberater; der Ruf dieser Branche ist nicht wirklich besser. Aber das ist ein anderes Thema.

Wir haben alle mit Banken zu tun. Ohne geht es –noch- nicht. Das ist irgendwo auch gut so. Und erfordert nach meiner Einschätzung einen bewussten Umgang mit der Bank. Das ist Thema dieses Buches. Aus Sicht meiner über 30jährigen Bankerfahrung in der Betreuung von Firmenkunden will ich dem Leser auf den folgenden Seiten einige Gedanke und Überlegungen an die Hand geben, die es ihm erlauben, eine Bank ein Stück weit besser zu verstehen. Nicht, um deren Handlungen in allen Bereichen zu rechtfertigen. Darum geht es nicht. Es geht darum, den wichtigen Geschäftspartner Bank besser zu verstehen, um auf dieser Basis erfolgreiche Geschäfte machen zu können.

Die Bank, das unbekannte Wesen

Schließen Sie bitte einmal Ihre Augen. Was sehen Sie, wenn ich Sie bitte, sich Ihre Bank vorzustellen? Welches Bild taucht vor Ihrem geistigen Auge auf? Ist es das Logo Ihrer Bank, ein Gebäude? Oder gar das Bild Ihres Kundenbetreuers? Wann waren Sie zuletzt in Ihrer Bank? Nicht, um einen Kontoauszug zu drucken oder Geld am Automaten zu holen. Nein, um am Schalter mit einem Mitarbeiter zu reden oder gar zu einer Verabredung mit Ihrem Kundenbetreuer.

Wer ist eigentlich gemeint, wenn in der öffentlichen Diskussion von "den Banken" die Rede ist. Von der Bankenkrise im Jahr 2008; von "den Banken", die vom Staat unterstützt werden mussten. Von "den Banken", die noch heute von der Europäischen Zentralbank das Geld in den A.... äh auf das Konto geschoben bekommen. Was machen "die Banken" damit?? Sich selber die Taschen voll?

Noch einmal, von was reden wir, wenn wir von "den Banken" reden? Wo ist der Zusammenhang zwischen "den Banken" im globalen Sinne und dem Institut, durch dessen Türe ich trete, wenn ich an mein Konto will? Oder wenn ich einen Kredit nachfrage?

Ich fange mal oben an, bei der globalen Struktur der Banken in Deutschland. Man spricht da von der sogenannten 3-Säulen-Struktur.

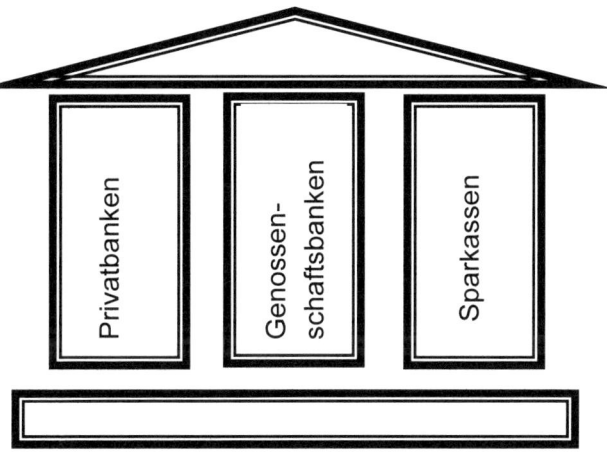

Zu den 218[1] privaten Geschäftsbanken gehören die Deutsche Bank, die Commerzbank und die UniCredit Bank als die wohl bekanntesten, daneben aber auch eine Reihe von Landesbanken und Privatbankiers.

---

[1] Stand 2010, Quelle Wikipedia

Weiterhin gibt es 1.021[2] Genossenschaftsbanken und 415[3] Sparkassen.

Die Zahlen sind teilweise aus 2010, also bis zu 6 Jahre alt. Inzwischen dürfte insbesondere die Zahl der Genossenschaftsbanken, aber auch die der Sparkassen durch Fusionen insgesamt abgenommen haben. Mir geht es hier auch nicht um eine statistische Erhebung, sondern darum, dass ein Gefühl für die Bankenlandschaft in Deutschland entsteht.

Die **Deutsche Bank** ist - gemessen an der Bilanzsumme - die mit Abstand größte Bank in Deutschland. Auch gemessen an der Anzahl der Mitarbeiter (98.138)[4]. Im Geschäft mit kleineren und mittleren Unternehmen bis rd. 50Mio€ Jahresumsatz findet die Bank in Deutschland nach meiner Beobachtung praktisch nicht statt. Die Anzahl der Berührungspunkte, die ich in der Beratung meiner Kunden in diesem Bereich in den

---

[2] Stand 2015, Quelle :Bundesverb.dt.Volks- und Raiffeisen
[3] Stand 2015, Sparkassen Finazgruppe
[4] Stand 2014, Quelle Bankenverband

letzten Jahrzehnten hatte, kann ich an einer Hand abzählen.

Wenn ich mir darüber hinaus die Schlagzeilen in den Zeitungen über diese Bank in den letzten Jahren ansehe, dann tun mir meine Kollegen Kundenbetreuer in dieser Bank tatsächlich ein wenig Leid. Aus meiner Erfahrung weiß ich wie das ist: Du willst mit Deinen Kunden über das Geschäft sprechen, wirst aber sogleich mit den negativen Schlagzeilen konfrontiert. Da steht der eine Vorstand monatelang mehr vorm Gericht als er hinter seinem Schreibtisch sitzt, der andere ist ein Investmentbanker den eh keiner versteht. Jedenfalls nicht der typische deutsche mittelständische Unternehmerkunde. Aber das ist auch so gewollt. Diese Bank trägt den Namen „Deutsch(e)", das war´s aber auch schon fast mit Deutschland. Es ist eine internationale Investmentbank mit deutschem Filialnetz – und nicht umgekehrt.

Die **Commerzbank** ist nach der Fusion mit der Dresdner Bank gemessen an der Bilanzsumme und der Anzahl der Mitarbeiter

(52.103)[5] die Nummer 2 in Deutschland. Die Anzahl der Mitarbeiter wird sich in den nächsten Jahren deutlich verringern. Hier gab es im Zusammenhang mit der Fusion mit der Dresdner Bank ein Stillhalteabkommen in Bezug auf Kündigungen für einige Jahre, das jetzt abgelaufen ist.

Gemessen an der Anzahl der Kundenverbindungen bei mittelständischen Unternehmen ist die Commerzbank führend in Deutschland. Auch für das Auslandsgeschäft nimmt die Bank eine Führungsrolle für sich in Anspruch. Eigenen Angaben zu Folge werden seit Jahren über 30% der deutschen Exporte über die Commerzbank abgewickelt.

In der Commerzbank gibt es ein klares Kommitment zum mittelständischen Kunden. Unternehmen ab einem Jahresumsatz von 2,5Mio€ werden als Firmenkunden betrachtet. Seit der Übernahme der Zuständigkeit für die „Firmenkundenbank" innerhalb der Commerzbank durch Martin Blessing so um 2004/2005 wurden auch im

---

[5] Stand 2014, Quelle Bankenverband

Hause die organisatorischen Abläufe dafür geschaffen, dass die Bank nicht nur damit wirbt. So kann ein Firmenkundenbetreuer in einem Standardkreditprozess bei Kunden von 2,5Mio.€ bis 12Mio.€ Kredite bis zu einer Höhe von 1 Mio.€ alleine entscheiden …. Wenn denn die „Maschine" nach Eingabe der Bilanzen die Ampel auf Grün stellt. Diese Kreditkompetenzen kenne ich sonst in Deutschland bei keiner anderen Bank.

Allerdings, mittlerweile ist Martin Blessing bei der Commerzbank Geschichte. Der neue Vorstand hat bereits kundgetan, dass er die Uhren zurückdrehen wird. Die Mittelstandsbank wird aufgelöst. Firmenkunden bis zu einem Jahresumsatz von 50 Mio.€ werden in das Privatkundensegment, Mittelständler darüber in das Firmenkundensegment gegliedert. Also im Prinzip das, was auch Deutsche und UniCredit tun. Wer mag kann jetzt einmal überprüfen, wie viele Unternehmen mit wie vielen Beschäftigten in Deutschland weniger als 50 Mio.€ Umsatz machen. Diese Adressen sind zukünftig nicht mehr im selben Fokus der Bank wie bisher. Was das im Tagesgeschäft bedeutet, welche Ressourcen die Bank für dieses Geschäftsfeld bereitstellt, wird sich herausstellen.

Zum Thema Kundenverbindungen habe ich im Jahr 2014 eine interessante Grafik bei der UniCredit Bank gesehen:

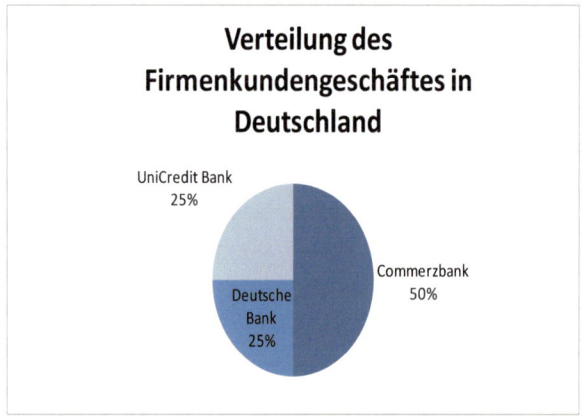

Quelle: Mein Gedächtnis

Und damit bin ich bei der **UniCredit Bank**. Auf meine Frage an den Banker der UniCredit, wo denn in dieser Darstellung die anderen Banken Deutschlands seien, erhielt ich die Antwort, dass diese nicht als Mitbewerber angesehen würden. Aha. Soweit ein kleiner Einblick in das Selbstverständnis.

Die UniCredit Bank ist das Ergebnis zahlreicher Fusionen in den letzten Jahren, zuletzt der Bayrischen Hypo- und Vereinsbank AG (München) mit der Vereins- und Westbank (Hamburg) zur HypoVereinsbank, die dann in die UniCredit-Gruppe integriert wurde. Diese wiederum ist eine italienische Holding, die in Europa, insbesondere Osteuropa, ein große Anzahl von Bankinstituten hält.

Die UniCredit Bank in Deutschland hat in 2015 damit begonnen, über die Hälfte der inländischen Filialen zu schließen. Also immerhin rund 300 Stück. Das Ganze wird Ende 2016 erledigt sein. Die Präsenz der Bank in Deutschland ist nicht homogen. Traditionell gibt es eine gute Flächenversorgung unterhalb der Main-Linie aufgrund der historisch gewachsenen Verbindungen zur Bayrischen Hypotheken- und Wechselbank und der Bayrischen Vereinsbank als Vorgängerbanken, auch wenn das schon lange vorbei ist. Dann gibt es eine gute Präsenz im Norden, um Hamburg herum, aufgrund der vorherigen Vereins- und Westbank. In der Mitte

Deutschlands, insbesondere außerhalb von größeren Städten, ist Schweigen.

Kommen wir zu den **Sparkassen** (415) und **Genossenschaftsbanken** (1.021) in Deutschland. Die Zahlen geben noch einmal deren Anzahl an, Stand 2015; damit der Leser jetzt nicht zurückblättern muss. Wenn Sie an dieser Stelle mit Ihrem geistigen Auge die Strecke von Ihrem Zuhause an die Arbeit oder zum Einkaufen vorstellen, und sich jetzt merken, welche Banken Ihnen dabei begegnen …. ist das eher eine Sparkasse, eine Raiffeisenbank, oder beides, oder ist auch eine Großbank dabei?? Leser aus der Frankfurter Innenstadt: stellt Euch zwischenzeitlich was Anderes vor, bitte.

Anders ausgedrückt, wenn ich die Anzahl der Kundenverbindungen zu mittelständischen Unternehmen noch einmal mit einem Kreisdiagramm darstelle, diesmal aber Sparkassen und Genossenschaftsbanken mit einbeziehe, dann dürfte das in etwa so aussehen:

Quelle: auch mein Gedächtnis

Sowohl die Commerzbank als auch die UniCredit Bank nehmen für sich in Anspruch, die Mittelstandsbank Nr. 1 in Deutschland zu sein. Was mich wieder zu der alten, immer wieder wahren Bankerweisheit führt: Traue keiner Statistik, die du nicht selber gefälscht hast.

Jetzt aber genug mit den langweiligen Zahlen. Was heißt das alles? Ganz einfach: Fast jeder Unternehmer-Kunde in Deutschland hat ein Konto bei einer Sparkasse oder einer Genossenschaftsbank. Insbesondere solche Unternehmen, die bei den Großbanken durch das Raster des Interesses fallen: weniger als 2,5Mio€

Jahresumsatz. Und das sind schon mal jede Menge. Für die "Großen" wird es erst ab 20Mio€, besser noch ab 50Mio€ so richtig interessant.

Sparkassen sind also näher am Kunden?? Na ja, Sparkasse ist nicht gleich Sparkasse. Vergleicht man die Hamburger Sparkasse (Bilanzsumme 42,4 Mrd.€[6]) oder die Sparkasse KölnBonn (Bilanzsumme 27,5Mrd.€[7]) mit der Sparkasse Münden (Bilanzsumme 400Mio.€[8]), so gibt es da schon Unterschiede. Die großen Sparkassen sind also gar nicht so weit weg von den Großbanken. Zum Vergleich, die Sparkasse KölnBonn hatte 2014 etwas über 4.000 Mitarbeiter. Die UniCredit Bank rd. 17.000. Nur das diese Sparkasse lediglich in der Region Köln-Bonn tätig ist, die UniCredit Bank dagegen bundesweit.

Sparkassen in Deutschland sind sogenannte öffentlich-rechtliche Kreditinstitute; die Träger sind die jeweiligen Kommunen.

---

[6] 2014, Quelle Wikipedia
[7] 2014, Quelle Wikipedia
[8] 2014, Quelle Webseite der Sparkasse Münden

Daraus ergibt sich auch ein öffentlich-rechtlicher Auftrag, nämlich die Versorgung der Bevölkerung mit Geldanlageprodukten und der Möglichkeit, Kredite aufzunehmen. Das bringt im Vergleich mit den Großbanken per se schon einmal ein ganz anderes Verständnis mit sich, wen die Sparkassen zu ihren Kunden zählen wollen. Im Grunde sind das alle Selbstständigen und Unternehmen. Es sei denn, man hat irgendwo goldene Löffel geklaut oder war schon mal insolvent[9].

Während Sparkassen ihren Ursprung oftmals im städtischen Raum hatten, entstanden die Raiffeisenbanken / Volksbanken auf dem Lande. Gründer waren Landwirte, die Genossenschaften waren mit den landwirtschaftlichen Genossenschaften verknüpft. Zum Teil besitzen noch heute Raiffeisenbanken in geringem Umfang warenwirtschaftliche Betriebsteile. Charakteristisch für die Genossenschaftsbanken war ihre flächendeckende Struktur, wobei sich das in den letzten Jahren zunehmend ändert. Auch diese Banken müssen aus Gründen der Rentabilität kleinere

---

[9] dazu komme ich später im Buch noch einmal

Filialen schließen bzw. in sogenannte SB-Zentren umwandeln; da steht dann ein Geldautomat neben einem Kontoauszugsdrucker in einem ansonsten verwaisten Gebäude.

Und hier kommen wir zu einem deutlich sichtbaren Problem in der Bankenlandschaft. Derzeit vergeht keine Woche in Deutschland, in denen nicht Filialen von Sparkassen und Genossenschaftsbanken geschlossen werden. Das wird auch nicht aufhören. Es gibt Stimmen und Presseberichte, durchaus auch aus dem Deuschen Sparkassenverband heraus, die für die kommenden 5-10 Jahre in erheblichem Umfang Fusionen von Sparkassen prognostizieren. Und hier ist nicht nur von ländlichen Regionen die Rede. Wenn in der „Zielwelt" (ist das nicht ein herrlicher Begriff??) von noch 10 Sparkassen in in 10 Jahren gesprochen wird, dann wird´s eng.

Das ist ein Blick in die Zukunft, aber eine Zukunft, die bereits sehr laut an die Türe klopft. Nehmen Sie sich bitte eine Minute Zeit und denken Sie darüber nach, was es für die Finanzierung Ihres Unternehmens – und auch für Ihre private Immobilienfinanzierung –

bedeutet, wenn in 5 Jahren Ihre Bank nicht mehr da ist. Denken Sie darüber nach. Es ist wichtig.

Es gibt aber noch einen weiterenl wichtigeren Faktor bei der Frage, welche Bank denn heute die Richtige ist; viel wichtiger als Großbank oder Sparkasse/Genossen. Das ist neben der Regionalität oder der Erreichbarkeit, bringen wir es auf den Punkt, der Nasenfaktor. In einer Bank gibt es viele Nasen (das ist jetzt nicht abwertend gemeint, jedenfalls nicht an dieser Stelle). Stellen Sie sich einmal vor, wie viele Nasen in einer Sparkasse oder Genossenschaftsbank Sie als Unternehmer zählen müssen, bis Sie von Ihrem Kundenbetreuer bis zum Vorstand gelangen. 4? Oder 5? Kaum mehr. Und jetzt zählen Sie das mal bei einer Großbank.

Welche Bank ist die Richtige?

Führen Sie sich bitte einmal vor Augen, wie viel Zeit Sie für Ihre Kunden aufwenden. Sie verwenden zunächst einmal viel Zeit für die Suche neuer Kunden. Dann fragen Sie sich, welche Produkte und Leistungen braucht Ihr Kunde heute, welche morgen. Welchen Preis können Sie heute nehmen, wie wird sich das Preisgefüge verändern? Wie entwickelt sich der Markt? Ist Ihr Kunde von heute auch Ihr Kunde von morgen? Wird es ihn noch geben? Wo braucht es bei Ihren Produkten und Leistungen Konstanz, wo müssen Sie Anpassungen vornehmen, und wo müssen Sie gänzlich neue Wege gehen?

Und jetzt stellen Sie sich die gleichen Fragen in Bezug auf Ihre Lieferanten. Sind die Lieferanten von heute auch die Lieferanten von morgen? Wie entwickeln sich Preise, Lieferfähigkeit, Qualitäten. Was machen Sie, wenn ein Lieferant ausfällt, aus welchen Gründen auch immer. Haben Sie heute schon Alternativen? Was sind die Konsequenzen, wenn Ihnen mitten im laufenden Betrieb ein maßgeblicher Lieferant ausfällt?

Und jetzt stellen Sie sich diese Fragen in Bezug auf Ihre Bank(en).

Nach meiner Erfahrung wird diese Frage nicht gestellt. Oder wenn, dann mit nachgeordneter Priorität. "Ich muss da mal was machen". "Mal was machen" heißt im Klartext, es wird nichts passieren. Es läuft ja alles. Außerdem "bin ich seit 30 Jahren bei dieser Bank"; eine Aussage, die bei mir den gleichen Angstschauer auslöst wie "ich kenne den Vorstand, wir sind im Lions Club und befreundet".

Das erinnert mich an den Unternehmer, Ende 50, alleiniger Gesellschafter eines mittelständischen Unternehmens mit rd. 35 Mitarbeitern. Ein Blick auf die Bilanz zeigt, dass das Unternehmen der Bank gehört. Die Fremdkapital-Quote ist schon erheblich, und wenn man die Darlehen der Gesellschaft an den Gesellschafter vom Eigenkapital abzieht, dann bleibt davon nichts übrig. Das Unternehmen mit einem Jahresumsatz von rd. 6 Mio. EURO hat eine Bankverbindung; nein zwei, aber das andere ist die Postbank, und die habe ich hier und früher im Buch nicht erwähnt, weil sie im Firmenkundengeschäft nicht erwähnenswert ist. Also eine Bankverbindung. Der Kapitaldienst, also zu leistenden Zinsen und Tilgungen, für die Bankkredite ist erheblich. Schon mehrfach mussten neue Kredite und Linien gewährt werden, da sonst die Zahlungsfähigkeit gefährdet war. Der Unternehmer ist mit dem Vorstand der Bank gut bekannt, man sieht sich im Lions Club. Eine neue, weitere Bankverbindung kommt nicht in Frage, man hat Angst, den Vorstand zu verärgern.

Diese Situation ist latent existenzbedrohend für das Unternehmen. Unabhängig von der wirtschaftlichen Situation hängt das Wohl und Wehe des Unternehmens an einer Person, dem Vorstand der Bank. Es sind eine ganze Reihe von Möglichkeiten denkbar, die dieses dünne Eis brechen lassen können.

Zuerst einmal, und das sollte allen Unternehmern klar sein, handelt ein Banker im Auftrag seines Arbeitgebers. Diesen hat er zu schützen, insbesondere vor einem Ausfall eines Kredites. Da sind persönliche Beziehungen nicht unendlich belastbar. Dann kann es in der Bank Ereignisse geben, die ursächlich gar nichts mit dem Unternehmen zu tun haben, die Kreditpolitik und die Haltung der Bank gegenüber dem Unternehmen aber verändern. Der Vorstand kann durch Pensionierung, Versetzung oder aufgrund eines Unfalls ausscheiden. Oder der Vorstand bekommt aufgrund der Ergebnisse seiner Bank Druck vom Aufsichtsrat. Die BaFin (Bundesanstalt für Finanzdienstleistungsaufsicht) prüft permanent und findet ein paar Dinge, für die der Vorstand sich rechtfertigen muss. Es gibt in der Bank Kreditausfälle von anderen Unternehmen in der gleichen Branche und damit ein sogenanntes "Klumpen Risiko", welches zu beseitigen ist.

Ich kann die Aufzählung möglicher Szenarien beliebig fortsetzen. Alle haben eines gemeinsam: sie haben ursächlich nichts mit dem Unternehmen zu tun, führen aber dort zu Konsequenzen.

Wenn dann der Bankvorstand eines Tages zu seinem Lions-Bruder sagt, er könne nur bis hierhin, und keinen Schritt weiter, und er müsse auf die Rückführung der

Kontokorrentlinie (diese sind meistens "bis auf weiteres" gewährt und daher jederzeit kündbar) bestehen, dann ist guter Rat teuer. Denn dies geschieht mit Sicherheit in einer Situation, in der es dem Unternehmer extrem schwerfallen wird, eine andere Bankverbindung aufzubauen. Im Zweifel droht hier die Insolvenz. Es wäre nicht das erste Mal, dass in Deutschland ein Unternehmen aus solchen Gründen die Segel streichen muss.

Welche Bank ist also die Richtige?

Auf der anderen Seite sind die aufgeführte, langjährige Bankverbindung und die persönliche Bekanntschaft auf Entscheider-Ebene natürlich etwas wert und nicht zu unterschätzen. Diese Bank ist durchaus die richtige Bank für diesen Kunden. Sie ist regional beheimatet, der Vorstand kennt seinen Markt und seine Kunden persönlich. Eine Großbank wäre hier schon lange ausgestiegen.

Die Frage muss also nicht lauten, welche Bank ist die Richtige, sondern welche Banken. Ein Unternehmen in dieser Größe braucht mindestens zwei gleichberechtigte Bankpartner, besser noch drei. In erster Linie im Hinblick auf die Risikoverteilung, woran übrigens die Bank in der Regel auch interessiert sind. In zweiter Linie aber auch im Hinblick auf die Vergleichbarkeit. Welcher Unternehmer vergleicht nicht auf Lieferantenseite Preise und Qualitäten verschiedener Anbieter. Warum nicht auch bei seinen Banken?

Die Frage nach der richtigen Bank muss auch unter dem Gesichtspunkt der Leistungsfähigkeiten betrachtet werden. Kontoführung mit den dazu gehörenden Services können alle. Beim Thema Finanzierung muss der mittelständische Unternehmer schon einmal einen Blick auf die Bilanzsumme seiner Bank werfen, sofern es sich um eine Sparkasse oder Genossenschaftsbank handelt. Banken sind bei der Kreditvergabe gemessen an Ihrer Bilanzsumme betraglich limitiert. Wenn das angefragte Kreditvolumen darüber hinaus geht holen sie sich entweder einen Refinanzierungspartner mit ins Boot (der sitzt dann auch beim Unternehmer mit am Tisch) oder sie winken dankend ab. Zu hohes Einzelrisiko. Bei großen Banken wird Ihnen das Thema eher nicht begegnen, zumindest nicht im Hinblick auf die Bilanzsumme. Aber auch Großbanken werden bei großen Kreditvolumina für einen Kunden schon mal sagen: "Das wollen wir nicht alleine machen".

Das nächste Thema sind Spezialisierungen, zum Beispiel Auslandsgeschäft. Haben Sie als Unternehmer regelmäßig grenzüberschreitendes Geschäft, also Exporte und Importe, so sind Sie bei der regional aufgestellten Genossenschaftsbank oder der kleineren Sparkasse an der falschen Adresse. Auch wenn diese jetzt vehement den Kopf schütteln, es fehlt das Know-how. Genossenschaftsbanken wickeln ihr Auslandsgeschäft über ihre Dachorganisationen ab; in Hessen ist das die DZ-Bank. Wenn regelmäßig Geschäfte mit dem Ausland gemacht werden, dann kann der Unternehmer direkt auch ein Konto bei der DZ-Bank eröffnen. Regionalität spielt da eine untergeordnete Rolle, das Ganze geht heute elektronisch, und für eine Beratung kommen die Herrschaften schon mal aus Frankfurt angereist. Der Vorteil der direkten Bankverbindung liegt in der Vermeidung von Reibungsverlusten, die dann entstehen können, wenn noch eine regionale Bank dazwischensteht. Zeitliche Verzögerungen und Missverständnisse sind die Folgen.

Sparkassen wickeln ihr Auslandsgeschäft in der Regel selber ab. Aber Achtung, je kleiner die Sparkasse umso hhhmmmmmm. Spezialisierung, gerade im Auslandsgeschäft, hat viel mit Erfahrung zu tun. Und die bekommt man auch in Banken nur durchs häufige tun. Als Kunde trägt man die Verantwortung genau hinzuschauen. Und wenn man das selber nicht beurteilen kann, ob die Beratung und der Service jetzt so la la war oder wirklich gut ... dann empfiehlt sich der Vergleich. Gehe zurück auf Los (oder Seite 15), nehme in Kauf das der Vergleich Zeit und Geld kostet und mache Erfahrungen.

A pro pos, über 30% des deutschen Exportgeschäftes werden seit Jahren über die Commerzbank abgewickelt. Diese Größe entstand nach der Fusion mit der Dresdner Bank. Diese Bank verfügt weltweit über ein flächendeckendes Korrespondenzbankensystem. Das ist erforderlich, wenn Auslandsgeschäft schnell gehen soll.

An dieser Stelle angekommen stellt sich der Leser vielleicht die Frage: Welche Bank ist denn nun die Richtige für mich?? Meine Antwort: keine Ahnung. Ich kenne Sie nicht, also kann ich auch keine Empfehlung aussprechen. Ich empfehle Ihnen aber, die Dinge nicht so hinzunehmen, wie sie sind oder schon immer waren. Vergleichen Sie. Immer wieder. Unternehmen empfehle ich, sich mindestens einmal im Jahr im Rahmen einer strategischen Planung auch Gedanken über die Bankverbindungen zu machen.

Wie wird ein Banker ein Banker

Früher war alles ganz anders. Ha, wenn ich mich so reden höre wächst mir ein Bart und ich fühle meinen Rücken.

Als ich in den frühen 80er Jahren meine Ausbildung zum Bankkaufmann begann, da waren wir AZUBIS zu 2/3 Realschüler und zu 1/3 Abiturienten. Die Realschüler fingen nach der Ausbildung an zu arbeiten, die Abiturienten gingen studieren und stiegen danach wieder in die Bank ein; nur halt schon mal ein paar Stufen höher.

Als ich meine Aufnahmeprüfungen in Banken absolvierte war ich 15 Jahre alt. Die Entscheidung über meine berufliche Ausrichtung trafen also ganz maßgeblich meine Eltern. Und die wussten, dass der Sohn in einer krisensicheren Branche mit ausgezeichnetem Ruf untergebracht war. Sonst wussten sie von einer Bank ... nichts. Und ich auch nicht.

Meine Ausbildung habe ich in Frankfurt in einer Großbank absolviert. An einem meiner ersten Tage, es war morgens um 8:00 Uhr, stand ich in einer kleinen Filiale hinterm Tresen. Gerade war ich im Kollegenkreis vorgestellt worden, und schon waren alle mit den Vorbereitungen des Tages beschäftigt. Ich stand da so rum. Also konkret, da stand so ein Anzug rum, darin steckte ein Jüngelchen und wusste nicht so recht, wohin. Dann wurde die Tür aufgeschlossen. Kunden strömten herein. Alle Kollegen waren irgendwo beschäftigt, ich stand allein am Schalter, vor mir ein Kunde und blickte mich erwartungsvoll an. Die Einschätzung meiner Eltern bewahrheite sich, kontaktscheu war ich nicht. Also hin und gefragt, was ich denn für ihn tun könne. Seinen Kontostand wollte er wissen. Super. Woher nehmen und nicht stehlen. Also ging ich auf die Suche nach einem Kollegen, der das sicherlich wusste. Worauf ich dann freundlich aber bestimmt erst einmal hinter dem Tresen entfernt wurde.

Wie man einen Kontostand herausfindet habe ich dann doch bald gelernt. Damals gab es morgens mit der Hausbank ellenlange Listen, nach Kontonummern sortiert. Da standen dann die Kontosalden drin. Wenn der Kunde verfügte, dann wurde dort mit dem Stift ein Vermerk gemacht. Die Buchung sah man erst am kommenden Tag in der neuen Liste.

Ich habe viel gelernt in meiner Ausbildung. So zum Beispiel wie es sich anfühlt, wenn man mit der U-Bahn in die Zentrale fährt, um dort im Haupttresor 200.000,00 DM in bar abzuholen, weil ein Kunde dringend das Geld brauchte und der Geldtransporter schon durch war. Oder wie es ist, wochenlang im Keller der Bank ohne jedes Tageslicht zu sitzen und Wertpapierkupons zu zählen. Wissen Sie noch, was das ist?? Damals waren Wertpapiere noch richtige Papiere, und die Zins-Kupons hingen hinten dran. Zu jeder Fälligkeit wurden die dann abgeschnitten und dem Kunden gutgeschrieben. Das ist jetzt nicht so bemerkenswert. Bemerkenswert war, dass es dort Damen und Herren gab, die diesen Job jahrelang gemacht haben. Kupons gezählt, mit Gummiüberzug überm Daumen. Richtige Kellerasseln. Und, erlauben Sie mir die Bemerkung, die Leute waren zum großen Teil körperlich entstellt. Ich könnte auch hässlich sagen. So, als wollte man Mitarbeiter, die nicht vorzeigbar waren, verstecken. Die Leute haben natürlich trotzdem einen guten Job gemacht ... aber ist das nicht strange??

Nach meiner Ausbildung bin ich in die Auslandsabteilung gegangen. Ich habe gelernt, dass in einer Großbank in Frankfurt für einen ausgelernten Bankkaufmann viele Wege offen waren. Nicht alle Bankkaufleute gingen in Jobs, die direkt etwas mit Kundengeschäft zu tun haben. So eine Bank ist ein Großunternehmen mit vielen Fachabteilungen. So ist ein Banker in der Organisationsabteilung trotzdem ein Banker.

Mein Weg hat mich aus Frankfurt weggeführt. Ich bin immer im Kundengeschäft geblieben, habe aber alle paar Jahre neue Aufgaben übernommen. Als ich im Zuge der Fusion der Commerzbank mit der Dresdner Bank, meinen Ausbildungsbetrieb und danach meiner ersten beruflichen Station in der Auslandsabteilung, ungefähr im Jahre 2009/2010 in meiner Funktion als Firmenkundenbetreuer der Commerzbank zu einem Kennenlernen mit der neu formierten Auslandsabteilung nach Frankfurt fuhr, traute ich meinen Augen nicht. Ich traf fünf

Kollegen, mit denen ich vor über 20 Jahren genau den Job gemacht hatte, den sie heute noch immer machten. Soviel zu dem Thema.

Das ist mein Anfang gewesen. Andere Banker sind andere Wege gegangen. Gerade in kleineren regionalen Banken stelle ich meinen Gesprächspartnern, in der Regel Firmenkundenbetreuer, gerne die Frage nach deren Werdegang. Und der ist oftmals klassisch für solche Institute. Ausbildung, dann Kundenservice, Privatkundenbetreuer, Geschäftskundenbetreuer und dann Firmenkundenbetreuer. Alles in einer Bank. Regional verankert. Berufserfahren. Bodenständig. Das sind Attribute der Zuverlässigkeit. Aber auch der Begrenztheit.

Wie wird heute in Banker ein Banker? Da kann ich nur von außen schauen. Einige wesentliche Rahmenbedingungen haben sich verändert. Der Ruf der Branche ist im Keller. Banken haben Nachwuchsprobleme. Haben sich vor 15 Jahren für 5 Ausbildungsplätze noch 200 junge Leute beworben, so sind es heute noch 10. Also werden alle zum Einstellungstest eingeladen. Ich werde nicht vergessen wie mein Chef einmal vor einigen

Jahren kopfschüttelnd aus so einer Veranstaltung kam und sagte "Leopold, so was haste noch nicht gesehen". Von den 10 Bewerbern bekommen dann die 5 Leute einen Vertrag, die möglichst unfallfrei von 1 bis 30 zählen können. 3 davon treten dann aber am ersten Ausbildungstag gar nicht an; ohne abzusagen versteht sich.

Banker werden heute anders Banker als früher; das hat natürlich auch etwas damit zu tun, dass heute eine andere Zeit ist und junge Leute einfach auch anders im Leben stehen. Soweit ist das eine Aufgabe für jedes ausbildende Unternehmen, gleich welcher Branche. Aber bleiben wir in der Bank-Branche. Ein junger Mensch, der eine Ausbildung beginnt, ist ja noch kein Banker. Neben Berufsschule und gegebenenfalls parallelem Studium werden diese jungen Menschen im Kundenservice und der Privatkundenbetreuung eingesetzt. Und nicht selten erhalten sie dort Vertriebsaufgaben. Und Vertriebsziele. Wie, das darf nicht sein?? Dann nennen wir es halt anders. Ist aber so. Und dann werden diese jungen Menschen darin geschult, wie man Produkte verkauft. Als ausgelernter junger Banker gehen diese

Schulungen weiter. Produktschulungen und Verkaufstrainings. Verkaufsargumente auswendig lernen. Was die Banken nach meiner Erfahrung nicht oder nur selten machen, ist die jungen Menschen in der Entwicklung ihrer individuellen Persönlichkeit zu unterstützen. Dem Kunden tritt dann anstatt einer Persönlichkeit eine Verkaufsmaschine gegenüber. Die mit Sicherheit nicht auf die individuellen Wünsche des Kunden reagiert, ja, nicht reagieren kann. Denn dazu bedarf es der Möglichkeit zur Entwicklung emphatischer Fähigkeiten. Von Bankenseite ist das auch nicht gewollt. Ein Beratungsgespräch dauert 30 Minuten, und am Ende ist ein Bausparvertrag verkauft. Wie, der Kunde wollte was ganz Anderes?? Egal.

Viele jungen Menschen gehen nach der Ausbildung studieren. Und kommen danach nicht wieder. Selbst wenn die Bank die Rückkehr anbieten würde, viele haben darauf einfach keinen Bock.

Vor Jahren noch bin ich davon ausgegangen, dass - wenn ich als Firmenkundenbetreuer in der Bank bleibe - mit 56, spätestens 58

Jahren Schluss ist. Vorruhestand. Das war einmal. Erst kürzlich habe ich mich mit einem Freund unterhalten, Banker, wir kennen uns seit über 30 Jahren. Der sagte mir, "Thomas, ich bin 55, ich habe bei vollem Gehalt einen Tag reduziert. Du glaubst doch nicht, dass die mich freiwillig gehen lassen. Es kommt einfach nichts nach."

Was der Banker nicht versteht finanziert er nicht

Diese goldene Regel der Finanzierung habe ich in den 90er Jahren während eines Seminars gelernt. Ausgesprochen hat sie ein Trainer aus der Schweiz. Und sie hat mich nicht mehr losgelassen. Wann versteht der Banker eigentlich etwas? Wie kann ich als Kunde dem Banker mein Unternehmen erklären?

An dieser Stelle wird es jetzt interessant. Wir reden über Kommunikation zwischen Kunde und Bank. Damit haben wir die erste Hürde schon einmal genommen. Das ist die Hürde, an welcher der Kunde die Notwendigkeit der Kommunikation mit seiner Bank erkannt hat. Sie lachen?? Ich nicht, denn ich erlebe in meiner Praxis fast täglich Beispiele, an denen der Unternehmer die Notwendigkeit der Kommunikation mit der Bank nicht oder nur unter großen Vorbehalten sieht. "Die verstehen doch eh nix."

Die zweite Hürde in der Kommunikation hat zunächst nichts mit dem Unternehmer oder dem Banker zu tun. Es ist vollkommen egal, ob in der Kommunikation zwischen Mann und Frau, Geschwistern, Eltern und Kindern, Vorgesetzten und Mitarbeitern, Geschäftspartnern... allen wohnt die gleiche Hürde inne.

Das Problem liegt darin, dass jeder glaubt, er würde richtig kommunizieren. Und der andere nicht. Und das daraus die Missverständnisse entstehen. Nur das halt jeder auch der andere ist. Das ist nur eine Frage des Blickwinkels. OK, das war jetzt kompliziert.

Ich erkläre es. Wenn der Unternehmer sein Unternehmen erklärt, dann tut er das aus seinem Blickwinkel. Wenn jemand Produkte aus Stahl herstellt, dann interessiert er sich für Stahl. Für schwarzen und weißen Stahl, für schweißen, bohren, fräsen. Für die Produkte, die er aus Stahl herstellt, und die Aufgaben, die damit verbunden sind. Für die Maschinen, die er zur Produktion benötigt. Für Mitarbeiter und Märkte. Für Lieferanten und Abnehmer. Das sind die Faktoren, anhand derer der Unternehmen sein

Unternehmen begreift. Dafür schlägt sein Herz.

Des Bankers Herz schlägt dafür nicht.

Wenn ein Banker einem anderen Banker ein Unternehmen erklärt, dann redet er über Eigenkapital, Fremdkapital, Bilanzsumme, dem Verhältnis von Lieferantenverbindlichkeiten zu Forderungen aus Lieferung und Leistung; von Umsatz- und Ertragsentwicklung, Personalkosten und Materialaufwand. Das sind die Faktoren, anhand derer der Banker ein Unternehmen begreift. Dafür schlägt sein Herz.

Des Unternehmers Herz schlägt dafür nicht.

Der Unternehmer betritt sein Unternehmen durch die Tür seiner Produkte, seines Geschäftsgegenstandes. Und die Summe aller Aktivitäten findet ihren Niederschlag irgendwann in der Bilanz. Anders gesagt tut der Unternehmer das, was ihn antreibt, und schaut dann, was in der Bilanz dabei rauskommt. Der Banker schaut erst, was dabei rausgekommen ist, und wendet sich dann den Ursachen der Zahlen zu.

Man könnte auch sagen, der Banker setzt beim Begreifen eines Unternehmens andere Prioritäten. Und zwar fachlich wie emotional.

Die Emotion ist dabei von elementarer Bedeutung. Ich weiß, an dieser Stelle winken viele ab. Emotionen? „Ich treffe Entscheidungen in meinem Unternehmen absolut rational". Super! Erst kürzlich erzählte eine Management-Trainerin während eines Vortrages von einem Mandanten, Geschäftsführer eines größeren Unternehmens. Dieser hatte sich unter „streng rationalen Gesichtspunkten" einen Porsche als Dienstfahrzeug gekauft. Weil er sehr oft dienstlich unterwegs sei. Und deshalb häufig in der Situation, sehr schnell überholen zu müssen. Der Mann war von der Ratio dieser Entscheidung vollkommen überzeugt.

Menschen sind emotionale Wesen. Alle. Und es gibt Unterschiede in der Ausprägung. Lässt sich der eine von seinen Emotionen übermannen und ist zu "klaren" Entscheidungen kaum fähig, so ist das beim anderen genau umgekehrt. Täuschen sollte man sich nicht lassen von Menschen, die keine Emotionen zeigen. Die haben trotzdem welche. Die Kunst liegt wie bei allen Dingen im Leben in der Ausgewogenheit und Balance der beiden Extreme.

Menschen suchen sich instinktiv immer Orte, Begebenheiten und Themen, bei denen sie sich sicher fühlen. Sicherheit entsteht durch Vertrautheit. Aus diesem Grund fahren Menschen 30 Jahre lang an den gleichen Urlaubsort. Gleiches Haus, gleiches Zimmer. Oder schauen sich jeden Abend nach der Arbeit Soko 5113 an. Um in Sicherheit abzuschalten.

Banker, die sich mit unterschiedlichen Unternehmenskunden beschäftigen, schauen sich bei allen Unternehmen die Bilanzen an. Das ist vertrautes Terrain. Hier ist der emotionale Zugang. Der Banker kann das, was er da sieht, beurteilen. Auch wenn alle Unternehmen andere Zahlen zeigen, andere Größenordnungen und durch die unterschiedlichen Geschäftszwecke auch andere Relationen. Die Bilanz bietet einen vertrauten Rahmen. Man weiß, wo was steht.

Eigenmittel setzen sich durch das Stammkapital, Gewinnvorträge und den Jahresüberschuss zusammen. Das ist so. Fertig.

Anhand der Bilanz sowie der Gewinn- und Verlustrechnung erkennt der Banker auf einen Blick, wo das Unternehmen herkommt, wo es heute steht, und –anhand der Planzahlen – wo es hinwill. Und sofern das „wo es hinwill" mit Krediten gleich welcher Art verbunden ist, empfehle ich an dieser Stelle schon einmal den zweiten Teil dieses Buches.

Was der Banker nicht versteht, finanziert er nicht. Also muss man ihm das Unternehmen so erklären, dass er es versteht. Das ist eine Kernaufgabe des Unternehmers. Er kann nicht darauf warten, dass sich der Kundenbetreuer dies alles selber erarbeitet. Diese Erwartungshaltung, die ich schon oft beobachtet habe, wird regelmäßig nicht erfüllt. Das Ergebnis sind teure Kredite, unpassende Finanzierungen, Abhängigkeiten von Banken, und wenn es ganz schlimm kommt Insolvenzen.

Mir geht´s schlecht, was sage ich der Bank?

Um es kurz zu machen – bevor es anschließend wieder ausführlich wird – alles.

Offenheit und Transparenz ist das Gebot der Stunde. Insbesondere wenn es Stunden der Unternehmens-Krise sind. In diesen Situationen braucht es Vertrauen auf Seiten der Bank. Und wenn die Bank dann im Rahmen der Kreditprüfung feststellt, dass der Unternehmer wesentliche Informationen vorenthalten hat, dann ist dieses Vertrauen weg. Und lässt sich meist über Jahre hinweg nicht mehr aufbauen.

Ich kenne Fälle, in denen ein Unternehmer vor 20 Jahren Insolvenz anmelden musste. Damals hieß das noch Konkurs. Das ist lange her und längst überwunden. Spricht dieser Unternehmer heute mit seiner Bank und fragt eine Finanzierung nach, so braucht er das bei einer der damaligen Bankverbindungen nicht zu tun. Der Konkurs von vor 20 Jahren hängt ihm noch nach und verhindert tatsächlich heute Finanzierungen, obwohl die Bonität schon lange wieder einwandfrei ist. Das ist ein Teil der deutschen Banken-Mentalität.

Vertrauen ist also das A und O. Gibt es dieses Vertrauen nicht, kann man alles andere vergessen. Und hat man es in der Vergangenheit versäumt, zu seiner Bank ein Vertrauensverhältnis aufzubauen, wird dies in der Stunde der Krise schwierig.

An dieser Stelle erwarte ich jetzt den Einwand, dass man zu seiner Bank noch nie ein Vertrauensverhältnis hatte. Und aufgrund des Verhaltens einiger Banken und Banker ihren Kunden gegenüber kann ich diese Einstellung sogar verstehen. Ich stelle allerdings jetzt die Frage in den Raum: Was wurde dagegen unternommen?

Ich hole noch einmal ganz weit nach hinten aus: Die Bank ist einer der wichtigsten Kunden und Lieferanten, also Geschäftspartner für das Unternehmen. Jedoch, der Unternehmer vertraut diesem Geschäftspartner nicht. Er kümmert sich nicht aktiv um diese Geschäftsverbindung. Er benutzt den Geschäftspartner im täglichen

Geschäft, hat aber sonst eine schlechte Meinung von ihm.

Jetzt ist das Unternehmen in einer Krise, und die Bank ist nicht an der Seite des Unternehmers. Denn da war sie noch nie. Entweder wollte sie es nicht, oder der Unternehmer hat sie nicht da hingelassen. Eigentlich egal. Sich als Unternehmer jetzt darüber zu beschweren, dass die Bank ihn nicht unterstützt, finde ich irgendwie blöd.

Der Fehler liegt in der Vergangenheit. Es wurde – aus welchen Gründen auch immer – versäumt, sich einen vertrauensvollen Bankpartner an die Seite zu holen. Ein Managementfehler. Sorry. Ist so. Ich halte ohnehin nichts davon, Fehler bei anderen zu suchen. Das ist mir zu einfach und führt zu nichts.

Auf der anderen Seite bringt es jetzt auch nichts, über die Versäumnisse der Vergangenheit zu jammern. In Krisensituationen braucht man in der Regel nicht anzufangen, sich eine neue Bank zu suchen. Also gilt es mit der / den bestehenden Banken zu sprechen. In aller

Offenheit. Letztlich läuft es auf Kompromisse raus.

Die Bank wird sich in der Krisensituation immer die Frage stellen, wie hoch ihr Risiko ist. Also Höhe der herausgelegten Kredite abzüglich Kreditsicherheiten[10]. Aber Achtung: Kreditsicherheiten werden nicht zu den Nominalwerten angesetzt, sondern müssen von den Banken unter Zerschlagungsgesichtspunkten angesetzt werden. Und diese Werte sind oft wesentlich geringer, als der Kunde das denkt.

Die Frage für die Bank ist immer, was passiert mit dem Unternehmen, wenn sie sich jetzt zurückzieht. Wenn sie entweder keine weiteren, neuen Kredite zur Verfügung stellt, die das Unternehmen zur Sanierung vielleicht dringend braucht, oder sogar die bestehenden Kreditverträge kündigt.

Kredite mit festen Laufzeiten und regelmäßigen Tilgungsraten können von der Bank nur gekündigt werden, wenn eine Vertragsverletzung vorliegt. Das ist der Fall,

---

[10] Siehe seperates Kapitel

wenn Tilgungen nicht bezahlt wurden. Die Achillesferse bei Unternehmensfinanzierungen sind oftmals die Kontokorrentkreditlinien. Diese sind in der Regal „bis auf weiteres (baw)" gewährt. Was auch bedeutet, dass die Bank jederzeit kündigen oder reduzieren kann. Mindestens unter Verweis auf die AGB´s und Hinweis auf die sich deutlich verschlechterte wirtschaftliche Lage des Kreditnehmers.

In jedem Fall ist es ein Abwägen für die Bank. Im Prinzip gibt es 3 Möglichkeiten:

- Die Bank tut gar nichts. Das Risiko für die Bank wird damit auf dem aktuellen Stand eingefroren. Das wird sie nur tun, wenn sich im weiteren Verlauf keine Sicherheiten-Werte verschlechtern bzw. reduzieren können. Denn das würde ja den „Blankoanteil" der Bank weiter erhöhen. Gleichzeitig ist es nicht die Bank, die dem Unternehmen den „Todesstoß" versetzt. Es eröffnet dem Unternehmen die Chance, aus eigener Kraft den Turn-Around zu schaffen. Mehr aber auch nicht.

- Die Bank kündigt, soweit sie es denn kann. Da der Unternehmer die Kredite nicht zurückzahlen kann folgt die Insolvenz. Die Bank bedient sich soweit möglich der Kreditsicherheiten, verwertet diese und muss auf den Rest verzichten. Dies wird die Bank dann tun, wenn sie befürchten muss, dass im weiteren Verlauf noch bestehende Sicherheiten Werte weiter an Wert verlieren, und sich damit das Risiko der Bank weiter erhöht.

- Die Bank gibt „frisches Geld". Das wird die Bank nur dann tun, wenn sie davon überzeugt ist, dass das Unternehmen den Turn-Around schaffen wird und die Bank ihre Kredite mit Zinsen zurückbekommt.

An dieser Stelle wird erneut die Vertrauensfrage gestellt. Will der Unternehmer die Bank davon überzeugen, dass er ein Sanierungskonzept hat, das auch greifen wird, dann muss er dieses Konzept in Schriftform präsentieren. Es reicht nicht aus, am Tisch davon zu berichten. Nein, dieses Konzept muss wirklich ausgereift, umfassend und „belastbar" sein. Und trotzdem … es ist ein Konzept für die Zukunft. Das ist das Wesen aller Kreditentscheidungen. Sie werden für die Zukunft gestellt, und die Zukunft kennt bekanntlich keiner. Also handelt es sich bei einem Konzept immer um Annahmen, die auf Basis von Erfahrungswerten getroffen werden.

Kredit abgelehnt – und Sie können nichts dazu

Seien Sie froh, wenn Ihr Kreditantrag abgelehnt wird …. und Ihr Banker nennt Ihnen den Grund dafür.

Damit meine ich den wahren Grund. Das ist allerdings nach meiner Erfahrung eher selten der Fall. Wesentlich häufiger kommt es vor, dass sich Kreditentscheidungen über Wochen und Monate hinziehen. Kommt dann die Ablehnung, dann entweder mit gar keiner Begründung, oder mit einer solchen, die auf das abenteuerlichste an den Haaren herbeigezogen ist.

Ein paar Klassiker aus meinem erlebten Bankeralltag auf den folgenden Seiten:

Das Unternehmen befindet sich nicht im Marktgebiet der Bank.

Das wäre ja soweit ok, wenn nicht die Bank 6 Monate gebraucht hätte, dies herauszufinden. Da geht aber noch einer oben drauf. Ich hatte diese Begründung auch schon, obwohl genau dieser Kunde bereits zwei Finanzierungen bei dieser Bank hatte. Und er hatte eben nicht mal kurz seinen Standort gewechselt. Auch der Ort der Investition war exakt der Gleiche, wie bei den vorangegangenen Finanzierungen. Der Finanzierungszweck ebenso. Äußerst merkwürdig.

Bei diesem Antrag war ganz klar, dass die Kreditabteilung diese Finanzierung nicht machen wollte. Nachdem ein Ablehnungsgrund von mir entkräftet war, folgte der nächste. Das ging ein paar Mal so hin und her, bis dann der finale Abschuss kam. Nicht im Marktgebiet. Es gibt Situationen, da ist dem gesagten nichts mehr hinzuzufügen.

Das Unternehmen hat bereits 4 Bankverbindungen

Und bei den 4 vorhandenen Banken auch Kreditlinien. Somit würden mit der Kreditlinie, die ich für das Unternehmen beantragt habe, die Summe der Kreditlinien recht hoch sein. Was wäre, wenn das Unternehmen all diese Kreditlinien voll ausnutzen würde??

Nun muss man an der Stelle wissen, dass ich als Firmenkundenbetreuer es war, der sich bei diesem Unternehmen aktiv um eine Geschäftsverbindung bemüht hat. Dort gab es keinen aktuellen Bedarf an einer weiteren Bankverbindung. Eine gute Adresse also. Da ist es nicht so einfach, als Bank eine Geschäftsverbindung zu bekommen. Auf jeden Fall muss man sich als Bank dort qualifizieren, um auf Dauer dann eine andere Bank aus dem Feld zu schießen.

Ohne Kontokorrentlinie keine Kontoumsätze. Das ist jedem klar. Nur dieser Kreditabteilung offensichtlich nicht.

Nicht immer sind also die genannten Gründe für eine Kreditablehnung auch die wahren Gründe. Und damit stehen Sie dann im Regen. „Die Bank hat den Kredit abgelehnt, also bekomme ich keinen." Und das ist Quatsch. Sie bekommen bei _dieser_ Bank keinen Kredit.

Für den zweiten hier geschilderten Fall – zu viele Bankverbindungen – blieb für mich nur der Schluss übrig, dass halt in der

Kreditabteilung einer Bank Menschen sitzen, deren Auftrag es eben nicht ist, Geschäfte und Erträge zu machen. Klar werden jetzt alle Mitarbeiter, vor allem Leitende, heftig mit dem Kopf schütteln und betonen, sie hätten selbstverständlich die Vertriebsziele der Bank im Auge. Haben sie aber nicht. In einer Kreditabteilung geht es um Risikomanagement, was in Zeiten strengster Kontrollen durch Vorgesetzte, interner Revision und Bankenaufsicht nichts Anderes bedeutet, eben <u>kein Risiko</u> einzugehen. Kein Risiko geht beim Kreditgeschäft schlicht nicht. Es sein denn, man zieht für eine Kontokorrentlinie 100.000,- € eine Grundschuld von 200.000,- auf das Einfamilienhaus mit einem Verkehrswert von 500.000,- heran. Was wiederum nicht geht, da man den Tatbestand der anfänglichen Übe-rsicherung erfüllt, womit der Sicherheiten-Vertrag dann anfechtbar ist.

Das Wort *Kredit* bedeutet in Ableitung aus dem lateinischen *Glauben* bzw. *creditum* „das auf Treu und Glauben Anvertraute".[11]

---

[11] Quelle: Wikipedia

Wenn also in einem Umfeld, in dem Vertrauen und Glauben so gar keine Rolle spielen, Geschäfte abgewickelt werden, deren Grundprinzip genau auf diesen Werten basieren, kann sich jeder selber ausmalen, was dabei herauskommt.

Denn eines ist auch sicher: wenn zwei sich streiten -in diesem Falle der Kundenbetreuer und der Kreditsachbearbeiter – dann gibt es in der Bank nur einen Sieger. Und das ist nicht der Kundenbetreuer.

Erst die Kenntnis über die wahren Gründe einer Kreditablehnung versetzen Sie in die Lage, Ihre Schlüsse daraus zu ziehen und entsprechend zu handeln.

Echte Gründe können sein:

Ihre wirtschaftlichen Verhältnisse lassen eine Kreditgewährung tatsächlich nicht zu.

Das wäre dann in der Tat ein verantwortungsbewusstes Handeln der Bank. Manchmal muss man den Unternehmer einfach vor sich selbst schützen. Wenn die „Risikotragfähigkeit" der Finanzierung nicht gegeben ist, die „Kapitaldienstfähigkeit" nicht gegeben ist, die Bonität nicht ausreicht, dann wäre es in der Tat fahrlässig, einen Kredit zu gewähren. Das Risiko trüge dann zwar die Bank, aber Sie als Unternehmer natürlich auch. Und zwar in einen weitaus größeren Umfang als die Bank dies tut. Eine zu große Verschuldung hat schon so manchem Unternehmer das unternehmerische Leben gekostet.

Hören Sie also genau zu, wenn die Bank wirtschaftliche Gründe für die Ablehnung nennt. Klar, es ist nicht einfach zu unterscheiden, ob es sich dabei um echte oder vorgeschobene Gründe handelt. Also an der Stelle nicht aufhören zu denken, Details prüfen. Sind die Gründe nachvollziehbar? Entscheidet eine weitere Bank genauso und nennt die gleichen Gründe?

Vielfach, so ist meine Erfahrung, wird den genannten Gründen für eine Ablehnung nicht auf den „Grund" gegangen. Die Bank ist halt blöd, versteht den Unternehmer und das Unternehmen nicht, hat eh keine Ahnung. Und sitzt auf ihrem hohen Ross.

Nur … wem nutzt das was?? Einen Banker stimmen Sie mit Gemecker ebenso wenig um wie einen Fußball-Schiedsrichter. Der verteilt höchstens noch ´ne gelbe Karte. Der Banker übrigens auch. Ohne das er sie hochhält, aber innerlich.

Ein Banker, der aus ernst und ehrlich gemeinten Gründen einen Kreditantrag ablehnt, verdient Respekt und Aufmerksamkeit.
Sie als Kunde müssen sich fragen, ok, ich bin noch nicht gut genug, wie kann ich besser werden? Wie kann ich mich und mein Unternehmen für diese Finanzierung qualifizieren?? Oder: „Danke, dass Sie mich

davor bewahrt haben, einen Fehler zu machen."

Wechsel im Vorstand der Bank

Hä?? Richtig gelesen! Und nein, der alte Vorstand muss hierzu nicht Ihr Lions-Bruder gewesen sein. Ich meine an dieser Stelle nicht den persönlichen Kontakt. Wobei dies auch ein Grund sein kann. Wurden Sie bislang vom Vorstand einer Bank aufgrund persönlicher Kontakte unterstützt, so kann dies gleichermaßen Fluch und Segen sein. Ist alles gut, ist alles gut. Wird es schlechter, ist nicht mehr alles gut. Ein Vorstand dient in erster Linie seinem Herrn, sprich Arbeitgeber oder Anteilseigner. Das bekommen Sie dann zu spüren, wenn es eng wird. Wiegen Sie sich bitte, sofern Sie in dieser Situation sind, nicht in Sicherheit.

Kommt ein neuer Vorstand ins Haus, so wird dieser sich als erstes alle Kredite ansehen, die sein Haus in den Büchern hat. Besonders alle Risiken. Und sofern möglich wird er diese Risiken beseitigen. Im ersten Jahr seiner Vorstandschaft sind das nämlich die Risiken seines Amtsvorgängers. Danach sind es seine eigenen.

Damit einher geht eine sensible Stimmung in der Kreditabteilung der Bank. Man beschnuppert sich. Da lässt sich keiner gerne die Verantwortung für ein Risiko in die Personalakte schieben. Schon gar nicht geht man gerne neue Risiken ein. Erst mal sehen, wie der „Neue" tickt …. erst mal sehen, was die „Mannschaft" kann. Ein echt schlechtes Klima für neue Kreditanträge; vor allem, wenn der Kunde, sagen wir mal, eine etwas schwierige wirtschaftliche Phase durchläuft.

Strategiewechsel der Bank

Dies geht oftmals einher mit dem Wechsel von Personen im Vorstand. Eine neue Strategie lässt sich mit neuem Personal einfach glaubwürdiger umsetzen.

Und so passiert es dann, dass Sie plötzlich nicht mehr zu der Zielgruppe der Bank gehören. Das kann bedeuten, dass die Bank bestimmte Branchen zukünftig ausschließt. (Wir nehmen unter der Überschrift

„Strategiewechsel" hier den Fall an, dass die Bank in dieser Branche zukünftig grundsätzlich ein zu hohes Risiko sieht. Ein anderes Ding wäre es, wenn die Bank in dieser Branche bereits ein zu hohes Kreditportfolio hat und ein Klumpen Risiko besteht.)

Es kann aber auch sein, dass die Bank beschließt, ab sofort nur noch Unternehmenskunden ab einem jährlichen Umsatz von 50 Mio.€ bedienen zu wollen. Das passiert Ihnen als Kunden einer Genossenschaftsbank jetzt eher nicht. Aber Kunden von Großbanken ist das schon passiert. Sie werden dann höflich gebeten, Ihre Kontokorrentlinie in drei Monaten bei anderen Banken darzustellen. In wirtschaftlich schwierigen Zeiten wünsche ich Ihnen dabei viel Spaß.

Fusionen

Ja, jetzt wird´s ernst. Fusionen sehen wir in der Bankenbranche seit Jahren. Und zukünftig noch viel öfter. Kleine Sparkassen und Genossenschaftsbanken stehen in Zeiten von Null- und Strafzinsen unter erheblichem Ertragsdruck. Oder anders gesagt, die Erträge schrumpfen weg und kommen so bald nicht wieder. Dazu kommt eine überbordende Regulation seitens der Aufsichtsbehörden. Kostet Zeit und Geld, zehrt also am ohnehin schon so dünnen Ertrag.

Banken werden zu Fusionen gezwungen. Fusionen bedeutet aus 2 mach 1. Interne Ableitungen gibt es dann doppelt, und Kosten spare ich durch Einsparungen. Es kommt zu Entlassungen. Die Menschen haben Angst um ihren Arbeitsplatz. In den Kreditabteilungen führt das zu massiven Lähmungserscheinungen. Keiner will Fehler machen. Kreditentscheidungen sind immer Fehler. Hinterher.

Ich habe schon mehrfach erlebt, dass in diesen Situationen Unternehmer ihre Banker über Wochen einfach nicht mehr erreicht haben. Und daran kaputtgegangen sind. Das meine ich nicht emotional – das natürlich auch – sondern wirtschaftlich. Insolvenz. Aus.

Keiner kann eine Bank zwingen erreichbar zu sein und Kreditentscheidungen zu treffen. Das ist allenfalls schlecht fürs Geschäft. Mehr aber auch nicht.

Womit ich wieder bei der Kernaussage dieses Buches bin: Als Unternehmer/In ist es eine permanente und nicht endende Aufgabe sich darum zu kümmern, wer Ihre Bank ist. Und wo sie derzeit steht. Und ob sie auch morgen noch der für Sie richtige Geschäftspartner ist.

Kleine Anekdoten aus dem Bankalltag

Das Vertriebsmeeting

Austausch ist wichtig. Und so holt der Chef seine verstreuten Schäfchen regelmäßig zurück in den Stall. Damit sie nicht vergessen, woher sie kommen. Und natürlich, um ihnen neues Futter zu geben.

Das Ganze nennt man dann zum Beispiel ein Vertriebsmeeting. Und von einem solchen berichte ich heute.

Im großen Sitzungssaal der Bank fanden sich 15 Firmenkundenbetreuer ein, davon 2 -innen; also Firmenkundenbetreuerinnen. Keiner der Damen und Herren war jünger als 45 Jahre, einige dagegen nahe an der 60, wenige darüber. Das heißt, pro Mann oder Frau mindestens 20 Jahre Berufserfahrung; macht bei 15 Leuten mindestens 300 Jahre.

Mit dabei: der Chef. Als solcher deutlich zu erkennen. Erstens: er sitzt vorne. Zweitens:

Er ist entspannt. Drittens: die Manschetten-knöpfe.

Die Begrüßung - natürlich - durch den Chef macht das vierte Unterscheidungsmerkmal deutlich: die Eloquenz. Er steht auf, schließt mit einer lässigen Bewegung das Jackett, zupft mit spitzen Fingern die Manschettenknöpfe zurecht - wobei sein Kopf leicht nach rechts ruckt - und begrüßt in flüssiger, lässiger Rede die Anwesenden. Nur kurz geht er auf das gerade im kleineren Kreis geführte Vorgespräch ein; Thema dort: seine neue Limousine. Aber das nur am Rande.

Dann richtet er seine Aufmerksamkeit, und damit die der Anwesenden, auf 3 weitere Herren, die, zum Teil erst jetzt bemerkt, nicht zum Team gehören. Richtig. Das Meeting hat ja den Titel "Zusammenarbeit mit unserem Versicherungs-partner". Die Herren sind Vertreter dieser Versicherung, nennen wir sie mal 0815-Versicherung. Es handelt sich um sogenannte Bankenbetreuer. Im Klartext verkaufen diese Herren selber nichts, beraten und unterstützen jedoch die Firmenkundenbetreuer dabei, Versicherungen zu verkaufen.

Nach den einleitenden und aufmunternden Worten des Chefs steht nun einer dieser Herren auf und geht nach vorne. Die optischen Unterschiede zum Chef fallen sofort ins Auge. Hier die ranke, gerade Gestalt, gehobenes Kinn, fordernder Blick in modisch teurem Anzug - die Manschettenknöpfe nicht zu vergessen - und dort die große, leicht massige, etwas vornübergebeugte Gestalt im Anzug von der Stange. Über das auffällig unauffällige Gesicht zieht ein um Verzeihung und Verständnis heischendes Lächeln, während er sich für die einleitenden Worte bedankt - Himmel, er wird doch nicht ... die Gleitcreme ... die Haare liegen schon so verdächtig glatt am Kopf - er kriegt gerade noch die Kurve.

Sich die Hände reibend - ja, er reibt sich tatsächlich die Hände - wendet er sich an das Publikum und teilt diesem mit, dass für den Verkaufserfolg der Transport von Emotionen von wesentlicher Bedeutung sei. Ja, wenn wir mit Begeisterung mit unseren Kunden reden, dann überträgt sich diese Emotion auf unsere Kunden und erhöht so den Abschluss Erfolg. Und die Begeisterung, die könnten wir alle spüren. Gerade jetzt könnten wir seine Begeisterung und Freude spüren. Und ich dachte mir, während mir die Füße einschliefen, ja, es klappt, ich spüre Deine Emotionen genau: Ich spüre Deine ausgelutschte Phrasendrescherei, spüre genau, dass Dich dein Job…. nicht wirklich begeistert und das Du jetzt gerade überall sein willst, nur nicht hier....

Damit nicht genug. Jetzt wird das Vertriebsmeeting zum Work-Shop ernannt (böse Zungen behaupten, der Begriff komme davon, dass viele "worken" während einige danach shoppen gehen; wobei es der Phantasie des Lesers überlassen ist festzustellen, wer von den vorgenannten Personengruppen - zur Erinnerung, Firmenkundenbetreuer versus Chef - welche Rolle übernimmt). Im Rahmen dieses Work-Shops wurden dann Arbeitskreise á 3 Mann/Frau gebildet, deren Aufgabe es war, in angeregter Diskussion den Satz herauszufinden, mit dem Mann/Frau ab sofort erfolgreich im Verkauf von - na, Sie wissen schon - Versicherungen sein wird.

Sie haben richtig gelesen. Ich dachte allerdings, ich habe mich verhört. Den einen Satz also, den galt es zu finden. Was um Gottes Willen hatten wir eigentlich gemacht, wir alle Firmenkundenbetreuer/innen, in den letzten 20+ Jahren, ohne diesen einen Satz??

Nun, wir bildeten Arbeitskreise. Der Chef ging E-Mails checken. Ich auch. Nach einer Stunde trafen wir uns wieder. Jede Gruppe hat brav den einen Satz vorgetragen. Und jeder Satz wurde vor Ort auf seine Tauglichkeit hin bewertet.

Und dann kam Sie, die große Feed Back Runde. Was hat Ihnen dieser Workshop gebracht?? Sind Sie der Meinung, dass Sie das Gelernte in Ihrer täglichen Praxis anwenden können??

Ich kann nicht verleugnen, dass mich diese Runde verfolgt. Obwohl es nicht die Erste und nicht die Einzige dieser Art war, die ich in meiner Banker-Laufbahn mitgemacht habe. Alle, ausnahmslos alle saßen dort mit ausdruckslosem Gesicht; einige brachten ein leicht höfliches und interessiertes Lächeln zu Stande. Die Statements waren belanglos, keinesfalls kritisch. Alle, und da bin mir sicher, haben intensiv an Götz von Berlichingen gedacht, und an den baldigen Feierabend. Bloß raus hier. Nur einer hat vor versammelter Mannschaft seine Eindrücke kritisch geäußert; wenn auch zurückhaltend. Dieser eine ist ein etwas anderer Banker und schreibt diese Zeilen. Vor der Tür haben mich einige angesprochen und zugestimmt. Drinnen hat keiner etwas gesagt.

Dieses Vertriebsmeeting ist ein Musterbeispiel dafür, wie man als Vorgesetzter die Basis für nachhaltigen Misserfolg herstellt:

- stelle Dich selbst über Deine Mitarbeiter und zeige, wie toll Du bist
- lasse keine Widerrede zu
- demotiviere und erniedrige Deine Mitarbeiter durch vollkommen sinnentleerte Schulungen
- demotiviere und erniedrige Deine Mitarbeiter, indem Du sie beim nächsten Meeting fragst, warum Sie denn keine Versicherungen verkauft haben; schließlich hast Du als Chef ihnen ja genau gesagt, wie es geht.

Im Übrigen, Versicherungen über Banken verkaufen, das ging noch nie. Gehen wir einmal zurück zur Jahrtausendwende. Die Allianz-Versicherung kauft die Dresdner Bank um deren Vertriebsnetz für den Vertrieb von Versicherungen zu nutzen. Fortan saß bei Kundengesprächen neben den Firmenkundenbetreuern der grünen Bank immer auch ein Vertriebsmitarbeiter der Allianz. Das Ergebnis ist bekannt. Im Jahr 2008 wurde die Dresdner Bank von der Allianz mit großem Verlust an die Commerzbank verkauft. Die einst traditionsreiche Bank wurde verramscht, war am Ende für die Commerzbank dennoch ein schwer zu verdauender Brocken, und ist heute nur noch Geschichte.

Mund abputzen – und weiter

Manchmal muss man ein Geschäft einfach mitnehmen. Oder vielmehr, einen Ertrag. Einen besonders lohnenden Ertrag natürlich.

Das waren – sinngemäß – die Worte, die ich von dem Leiter einer Abteilung für Zins- und

Währungsmanagement aus einem anderen Vertriebsmeeting mitgenommen habe.

Der Sinn hinter diesen Worten war auch klar. Es war hier auch kein Platz für Interpretationen. Es ging um Erträge. Um hohe Erträge. Erträge aus sogenannten Zinssicherungsgeschäften. Von Caps und Floors, von Swaps und Optionen. Das Ganze in allen möglichen Spielarten und Variationen.

Wer sich ein bisschen mit den Schlagzeilen aus der Welt der Banken in den letzten 15 Jahren auseinandergesetzt hat weiß, dass diese sogenannten Derivate immer wieder Anlass zu kritischer Berichterstattung gaben. Zahlreiche Schadensersatzprozesse wurden in den letzten Jahren geführt. Besonders die Großbanken haben sich hier hervorgetan.
Derivate haben aus Kundensicht ein paar Dinge gemeinsam:

- keiner versteht so genau um was es geht
- es werden hohe Gewinne bzw. Zinsersparnisse versprochen

- die Erträge für die Bank sind enorm, aber niemals transparent

Zins- und Währungssicherungsgeschäfte machen grundsätzlich Sinn. Nämlich immer dann, wenn der Unternehmer-Kunde ein entsprechendes Risikoprofil in seinen Geschäften aufweist. Das ist jedoch bei einem klassischen KMU (Kleines mittelständische Unternehmen) eher selten der Fall. Ganz anders bei großen Unternehmen. Diese verfügen dann aber auch über betriebswirtschaftliche Abteilungen, ab einer gewissen Größe dort über Mitarbeiter, die sich mit nichts Anderem als Geldhandel, Zins- und Währungssicherungen beschäftigen. Sogenannte Treasurer. Für diese Zielgruppe ist das gut.

Nun haben aber manche Banken, weil dieses Geschäft halt so hohe Erträge mit sich bringt, entschieden, diese Leistungen auch den KMU anzubieten. Also praktisch von großen Volumen über standardisierte Produkte auf kleinere Volumen, mit entsprechender Stückzahl, heruntergebrochen.

Wenn eine Bank, wie jedes andere Unternehmen auch, besondere Verkaufsanreize für sein Vertriebsteam schaffen will, dann werden Tantiemen für erfolgreiche Abschlüsse ausgelobt. Beim Abschluss von Derivaten winken für die Vertriebsmannschaft enorme Tantiemen. Insbesondere in den Fach-abteilungen, also den Abteilungen für Zins- und Währungsmanagement. Diese Abteilungen entwickeln solche Derivate und stehen danach den Kundenberatern bei dem Verkauf beratend zur Seite.

Die Erträge werden „gespiegelt". Das bedeutet, sie werden in der Fachabteilung genauso abgebildet wie in der Vertriebsabteilung. Vom Erfolg profitieren – im wahrsten Sinne dieses Wortes - also die „Spezialisten" in den Vertriebsabteilungen ebenso wie die Kundenbetreuer.

Gegen Geschäfte und damit verbundene Erträge sagt niemand etwas. Solange das Geschäft zum Kunden passt, er davon etwas hat. Das weiß man bei Derivaten nicht immer. Oftmals ist ein Zinssicherungsgeschäft eben nichts anderes als eine Versicherung. Wenn dem Kunden das klar ist, ist es ok.

Der besagte Leiter der Fachabteilung meinte etwas Anderes. Und hat es auch ganz deutlich ausgesprochen. Manchmal, er meinte „so oft wie möglich", muss man ein Geschäft mitnehmen. Was nichts anders bedeutet, als die Gelegenheit zum Abschluss nutzen. „Mund abputzen und weiter" bedeutet in der Folge, „egal ob der Kunde davon etwas hat oder nicht".

Es gab genügend Kundenbetreuer, die haben dieses Spielchen mitgespielt. Es gab dicke Erträge, fette Tantiemen. Für die Karriere war das auch oft ganz gut. In vielerlei Hinsicht. Erstens bedeutet ein Aufstieg auf der Karriereleiter Streicheleinheiten fürs Ego und das Konto. Zweitens bist du als Kundenbetreuer dann schon weg, wenn dem Kunden auffällt, dass er es ist der die Zeche bezahlt.

Kundenbetreuer, denen die langfristige und vertrauensvolle Zusammenarbeit mit Ihren Kunden etwas bedeutet, sind und waren bei dem Vertrieb von Derivaten schon deutlich zurückhaltender. Wenn der Blick in die Richtung der für den Kunden wertvollen Produkte und Leistungen geht, kommt es halt nicht zu häufig zu Abschlüssen. Dafür kommt es zu konstanten Erträgen aus der laufenden Geschäftsverbindung.

Der Kundenbetreuer befindet sich hier gleichwohl in einem Spagat. Auf der einen Seite die Forderung der Fachabteilung, unterstützt von der Leitung der Bank, nach schnellen Erträgen. Auf der anderen Seite der Blick auf die langfristig wertvolle Kundenverbindung.

Ist Sabine zu Hause?

Der Anruf kam am späten Vormittag. Sabines[12] Mutter ging an das Telefon. Sabine war 21 Jahre alt und studierte an der Uni. As diesen Umständen kann man schließen, dass diese wahre Begebenheit schon über 10 Jahre her ist. Heute hätte Sabine ein

---

[12] Die Namen in dieser Geschichte sind ausgetauscht

Smartphone und die Anruferin würde nicht zu Hause anrufen.

Obwohl. Die Anruferin meldete sich mit ihrem Vornamen, Verena. Und sie fragte nach Sabine. Die Mutter verneinte, ging jedoch davon aus, dass es sich bei der Anruferin um eine Freundin ihrer Tochter handeln müsse. Sie notierte einen Rückrufwunsch und die Rufnummer.

Als Sabine nach Hause kam, fand sie die Nachricht vor, wunderte sich übe den ihr unbekannten Namen und die Rufnummer. Gut erzogen rief sie zurück und erreichte …. eine Bank. Eine ihr gänzlich unbekannte Kundenberaterin mit dem Vornamen Verena begrüßte sie fröhlich und fragte sie, ob sie denn einmal über eine alternative Geldanlage nachgedacht hätte. Und ob sie als Studentin denn schon die ersten Grundsteine für die Altersvorsorge getroffen habe. Lieber früher anfangen, dann habe man im Alter mehr davon.

Sabine wusste nicht, wie ihr geschah. Sie kannte diese Bank nicht, hatte dort auch kein Konto. Glaubte sie. Abends beim familiären

Zusammentreffen kam es dann raus. Der Vater hatte vor 20 Jahren nach der Geburt der Tochter bei seiner Bank – und das war eben diese – ein Sparbuch angelegt. Und monatlich einen kleinen Betrag darauf angespart. Die Tochter wusste das dann wieder, aber es war nicht im Fokus, denn ihr Girokonto hatte sie woanders.

Die Bankerin, die Sabine in der Tat überhaupt nicht kannte, rief also bei der Familie an und tat gegenüber der Mutter so, als ob man gut miteinander bekannt sei. Als Türöffner sozusagen.

Dazu eine kleine Anmerkung an der Stelle an die Leserinnen und Leser, die ja auch Privatkunden von Banken sind: Das Verbraucherschutzgesetz in Deutschland schreibt den Banken bereits seit Jahren vor, dass sie sich eine schriftliche Einwilligung von den privaten Kunden (sogenannte Verbraucher) einholen müssen, wenn sie diese zum Zwecke des Produktverkaufes ansprechen wollen. Erteilt der Kunde diese Einwilligung nicht, dann darf die Bank diese Ansprache weder per Brief, Mail oder Telefon durchführen.

Erhalten Sie also von Ihrer Bank Ansprachen zu Produkten und wollen dies nicht, so widerrufen Sie schriftlich einer Einwilligung. Und schon ist Ruhe.

Unter diese Rubrik fällt auch die folgende kleine Begebenheit:

Ihre Krankenzusatzversicherung ist viel zu teuer

Wieder ein ungebetener Anruf einer Bank bei einem privaten Kunden. Und dieser wusste auch erst einmal überhaupt nicht wie ihm geschah.

Der Anrufer entpuppte sich als der Kundenberater. Dieser erklärte, er habe in den Kontoumsätzen gesehen, dass monatlich ein Betrag an eine Versicherungsgesellschaft gezahlt werde. Der Inhalt: eine private Krankenzusatzversicherung für Zahnbehandlungen. Diese Versicherung sei doch viel zu teuer. Ob man denn nicht einmal ein alternatives Angebot abgeben solle.

Dieses Angebot – wen wundert´s – würde dann von einer anderen Versicherungsgesellschaft kommen. Es wundert auch keinen, dass dies die hauseigene Versicherungsgesellschaft ist.

Was schon ein wenig wundert ist die Tatsache, dass der Kundenberater sich in den Konto-umsätzen eines Kunden auf die Suche nach Verkaufsansätzen gemacht hat. Dies ist in Deutschland noch nicht weit verbreitet. Es gibt aber Ansätze, dies zu ändern. Den Banken ist mittlerweile klar, dass sie mit den Kontoumsätzen ein erhebliches Datenmaterial über die Konsumgewohnheiten ihrer Kunden besitzen, und diese nicht nutzen. Andere Unternehmen tun dies.

Kleine Anekdoten aus dem Berateralltag

Nicht wirklich witzig – wenn der Banker aus der Spur läuft

Es ist ja grundsätzlich nicht immer einfach, die Interessen der Bankkunden mit den Interessen der Bank überein zu bekommen. Aber genauso grundsätzlich möglich, wenn beide Seiten ihre Interessen auf den Tisch legen und man im Sinne einer offenen und fairen Geschäftsverbindung nach gemeinsamen Schnittmengen sucht.

Wenn eine der beiden Seiten die Interessen nicht auf den Tisch legt, wird es umso schwieriger. So geschehen mit einer Genossenschaftsbank im Schwäbischen.

Eine Unternehmerin ist in finanziellen Schwierigkeiten. Der Umsatz ist in den letzten Jahren kontinuierlich gesunken, die Kapitaldienstfähigkeit (Bedienung der Kredite) nur noch gerade eben gegeben. Wie das häufig so ist, werden Darlehen getilgt, das Geld dazu jedoch vom Kontokorrentkonto genommen und die Linie dort damit belastet. Ein teures Vergnügen. Und bald endend. Da die Unternehmerin die Firma erst vor wenigen Jahren gekauft hatte, waren die monatlichen / vierteljährlichen Tilgungsraten ohnehin sehr hoch.

Es kam immer wieder zu Überziehungen der Kontokorrentlinie. Die Bank hat dies geduldet, pocht aber in immer kürzer werdenden Zeiträumen auf umfassende Informationen.

Dann passiert, was immer passiert, wenn man es überhaupt nicht gebrauchen kann: An dem Firmengebäude wurden umfassende Mängel festgestellt. Na ja, eigentlich waren die ja bekannt. Aber man hat sich halt nicht so richtig gekümmert. Es ging jedoch um Brandschutz. Und da sind die Behörden irgendwann einmal am Ende der Geduld und setzen Fristen. Oder das Gebäude wird geschlossen. Was hier zur „Unzeit" kam war vorauszusehen. Das jetzt kurzfristig zu stemmende Investitionsvolumen umfasste einem Gutachten zufolge rd. € 500.000,-. Das wusste der Banker noch gar nicht.

Eine befreundete Beraterin, Schwerpunkt Marketing, war einige Monate an Bord, führte mit dem Banker erste Gespräche. Da ging es nicht weiter, also hat sie mich eingeschaltet. Ich bin also nach erster Durchsicht der Unterlagen und hatte für den Nachmittag gleich darum gebeten, dass ich den Banker kennenlerne. Es ist wichtig für mich, gleich am Anfang einer Beratung bei Unternehmen in Schwierigkeiten die Sicht der Banker zu wissen.

Ich wurde vorgewarnt. Bei dem letzten Gespräch, dass die Geschäftsführerin und die Beraterin mit dem Banker geführt haben, sei dieser „laut und ausfallend" geworden. Okayyy??!! Warten wir´s mal ab. Nach dem Gespräch mit dem Banker war ich mir sicher, das stimmt. Auch wenn er mir gegenüber nicht laut geworden; aber ich bin auch ein Mann und über 1,90m groß. Auf jeden Fall ein Choleriker (also er, nicht ich).

Ich habe mit der Kundin und der Beraterin ein Sanierungskonzept in Anlehnung an den IDW

S6[13] Standard erarbeitet und parallel bereits mit den darin identifizierten notwendigen Maßnahmen begonnen. Dieses Konzept haben wir der Bank vorgestellt.

Und dann passierte etwas, was mir mit Banken so sehr selten passiert. Der Banker hat das Gutachten nicht akzeptiert. Jetzt kann man natürlich von keinem Banker erwarten, dass er eine Umsatz- und Ertragsplanung einfach so akzeptiert, nur, weil man das gerne so möchte. Jedoch die überwiegende Zahl der Banker treten an dieser Stelle, an der mit dem Gutachten alle Krisenursachen und der komplette Sachstand auf dem Tisch liegen, in einen konstruktiven Dialog ein. Auch wenn man unterschiedlicher Meinung ist. Aber konstruktiv. Dieser Banker nicht. Im Gegenteil. Destruktiv.

Er schimpft am Telefon gegenüber der Geschäftsführerin lauthals (!) über die Unfähigkeit der Beraterin. Wohlgemerkt, diese Beraterin ist seit 40 Jahren im Markt und verfügt über eine ausgezeichnete

---

[13] Institut der Wirtschaftsprüfer, Sanierungsgutachten mit Fortführungsprognose

berufliche Expertise. Er schimpft auch lauthals über meine Unfähigkeit. Er schimpft auch lauthals über die Unfähigkeit des Steuerberaters. Diesen hatten wir ausgewechselt.

Bemerkenswert ist, dass er über die Unfähigkeit des Steuerberaters schimpft, nachdem ein knappes halbes Jahr vergangen war und unsere – von ihm nicht akzeptierte – Umsatzprognose eingetroffen ist. Dieser Banker wirft dem Steuerberater allen Ernstes vor, dass dieses Ergebnis niemals stimmen könne, und er falsch buche. Allerdings wirft er dem Steuerberater dies nicht direkt vor, nein, er schimpft gegenüber anderen.

Dann passiert etwas Ungeheuerliches. Der Banker ruft einen Rechtsanwalt an, der einmal bei dieser Firma mandatiert war. War, wohlgemerkt. Und er dringt darauf, der Rechtsanwalt möge doch der Unternehmerin zu einem Verkauf des Unternehmens raten. Der Rechtsanwalt, den ich kenne, hat die Unternehmerin davon in Kenntnis gesetzt. Das ist nicht nur ein eklatanter Verstoß gegen das Bankgeheimnis. Es ist auch eine Einmischung in die Unternehmensleitung.

Das geht gar nicht und kann auch strafrechtlich verfolgt werden. Nur ... mach das mal, wenn Du nur diese eine Bank hast und aufgrund der immer noch schwierig Situation auch so schnell keine neue findest.

Der Banker hat noch einen draufgesetzt. Zu einer Zeit, als die Ergebnisse des Unternehmens schon wieder besser wurden, das Konto absprachegemäß geführt wurde, schreibt er einen Brief und droht aufgrund der negativen wirtschaftlichen Entwicklung mit der Kündigung der Darlehen.

Darlehen kann eine Bank nicht mal eben so kündigen. Solange die Darlehen ordnungsgemäß getilgt werden, also vertragsgemäß gehandelt wird, gibt es keine rechtliche Handhabe zu so einer Kündigung. Anders stellt es sich bei einer Kontokorrentlinie dar, die in der Regel baw (bis auf weiteres) zur Verfügung gestellt wird. Diese kann von der Bank ohne Angaben von Gründen unter Setzung einer angemessenen Frist gekündigt werden. Das reicht bei einem angeschlagenen Unternehmen dann schon mal zum Exodus. In dem hier vorgestellten Fall waren die Darlehen jedoch zu jedem

Zeitpunkt ordentlich bedient worden. Auch die Kontokorrentlinie wurde kaum noch gebraucht.

Dieses Verhalten des Bankers hat dem Unternehmen beinahe den Todesstoß versetzt. Dass es nicht so war spricht für die wiedergewonnene Leistungsstärke des Unternehmens.

Das Verhalten hat aber nach meiner Meinung noch ganz andere Dimensionen, die genauso verwerflich sind:

1/3 des Fremdkapitals war ein durch die Bank vermitteltes Nachrangdarlehen der KfW (Kreditanstalt für Wiederaufbau). So ein Darlehen wird als Eigenkapitalersatz angesehen. Es wird im Falle einer Insolvenz aus der Masse erst dann bedient, wenn alle anderen Gläubiger ihr Geld haben. In diesem Falle hier hätte die KfW ihr Geld abschreiben können.

Die restlichen 2/3 des Fremdkapitals, also der Bankkredite, waren durch eine 60%ige Ausfallbürgschaft des Landes abgesichert. Im Falle einer Insolvenz hätte die Bank also die

Grundschulden verwertet und wäre mit nur einem sehr geringen Schaden aus der Sache herausgekommen. Der Schaden wäre voll beim Bundesland und der KfW aufgelaufen. Beides sind Steuergelder. Eine Bank, die einen KfW-Kredit vermittelt bzw. eine öffentliche Bürgschaft, hat immer mindestens eine Sorgfaltspflicht bei dem Umgang mit solchen Kreditengagements zur wahren. Das ist hier nicht erkennbar gewesen.

Ich weiß bis heute nicht, was diesen Banker geritten hat. Hat es ihn geärgert, dass entgegen seiner Empfehlungen andere Unternehmens- und Steuerberater herangezogen wurden? Oder hat er einen Käufer für das Gebäude, dem er gerne diesen reifen Apfel in den Schoß legen wollte? Ist er einfach nur charakterlich ein Abenteuer, auf das man sich nicht einlassen sollte? Reine Spekulation.

Die Unternehmerin hat mittlerweile die Umsatz- und Ertragsprognosen übertroffen. Auf dem Konto sind Guthaben. Jetzt wird die Finanzierung stabilisiert, und dann hat die Bank einen Kunden verloren. Wollte sie ja offensichtlich auch, oder?

Dummheit oder Betrug – oder beides

€ 100.000,00. Soviel soll der Kunde an die Bank zahlen. € 108.452,73 um genau zu sein. Als Entschädigung. Aber für was??

Fangen wir mal vorne an. Ein junger Mann und eine junge Frau, Geschwister, bekommen von Ihrem Vater 3 Immobilien übertragen. Ein Mehrfamilienhaus, voll vermietet, 2 Einfamilienhäuser. In dem einen wohnt die Oma, in dem anderen der Vater, der dann an seine Kinder Miete zahlen will.

Auf allen 3 Häusern liegen noch Verbindlichkeiten aus Finanzierungen. Die Werte der Häuser übersteigen diese Verbindlichkeiten. Es muss in einem Haus investiert werden. Da der Vater mit seinem Unternehmen jedoch Insolvenz anmelden musste, wollen die Banken ihm auch im Privaten keine Kredite mehr geben. Darum der Übertrag auf die Kinder. Seitens des Insolvenzverwalters keine Einwände.

Die Idee: Umschulden. Eine neue Bank suchen, die nicht durch die geschäftliche Insolvenz des Vaters betroffen ist. Also wendet man sich an einen Kreditvermittler. Dieser vermittelt an eine große, renommierte deutsche Bank.

Der Vorschlag: Wenn man alle 3 Immobilien in eine Finanzierung packt, plus dem zusätzlichen Investitionsbedarf, dann kommt man auf eine Finanzierungssumme in Höhe von € 400.000,-. Die Verkehrswerte der Häuser liegen in Summe darüber.

Die Bank prüft und gibt eine Finanzierungszusage. Verträge werden ausgearbeitet und unterschrieben.

2 Jahre später: Der Kunde hat noch keinen Cent gesehen, die Bank will die Verträge jetzt beenden, da der Kunde ja die Kredite nicht abnehmen will, und fordert an Vorfälligkeitsentschädigung insgesamt € 108.452,73.

JETZT kommt der Vater zu mir. Ich lasse mir den Vorgang schildern, sichte die Verträge und bin maßlos entsetzt. Die Fehler in dieser Finanzierung können nach meiner Einschätzung in zwei Bereich aufgegliedert werden:

1. Beratung zum Nachteil des Kunden
2. Vorsätzliche Formfehler (Betrug?)

Zu 1.
Beratung zum Nachteil des Kunden

Mehrere Immobilien in einer Finanzierung zusammen zu fassen ist schlicht nicht sinnvoll. Die Finanzierungen werden mit Zinsbindungen versehen, in der Regel 10 Jahre. Wenn jetzt der Eigentümer in dieser Zeit – aus welchen Gründen auch immer – eines der Häuser verkaufen will, muss die komplette Finanzierung aufgelöst werden. Das bedeutet innerhalb der Zinsbindungsfristen einen Refinanzierungsschaden für die Bank und damit eine Vorfälligkeitsentschädigung zu Lasten des Kunden.

Schon das Vermengen von Grundschulden verschiedener Immobilien für eine Finanzierung sollte vermieden werden. Selbst wenn also für eine Immobilie nur eine Finanzierung abgeschlossen wird, jedoch für diese Finanzierung Grundschulden auf andere Immobilien als Kreditsicherheiten vereinbart werden, ist das im Falle eines geplanten Verkaufes schwierig, meistens teuer und oft einfach nicht möglich. Ein verantwortungsbewusster Banker macht so etwas nicht.

Dann die Finanzierungsform in diesem Fall: Für einen Kreditwunsch von € 400.000,- wurden 2 Bausparverträge à € 400.000,- abgeschlossen. Richtig, der Leser kann rechnen: macht € 800.000,-. Wieso jetzt das. Na klar, damit die Bausparverträge auch gleich „zuteilungsreif" sind, und auch sofort ausgezahlt werden, nimmt man parallel ein „Bausparvorausdarlehen" auf, in Höhe von € 400.000,-. Diese wird dann in zwei Teilbeträgen á € 200.000,- in die beiden Bausparverträge eingezahlt. So befüllt der eine den anderen, und am Ende kann man sofort auszahlen.

Wem das was nutzt?? Klare Antwort: Dem Banker und seiner Bank!

- Der Banker hat Vertriebsziele! Finanzierungsvolumen und Anzahl abgeschlossener Bausparverträge. Bei € 800.000,- Bausparsumme und € 400.000,- Vorausdarlehen hat der sich die Hände gerieben, dass es qualmt. Und vermutlich eine riesen Schritt hin zu seiner Zielerreichung des Gesamtjahres gemacht. Das bedeutet: Tantieme. (Die Verträge wurde im November / Dezember gemacht; also kurz vorm Jahresende das Jahr gerettet)

- Die Bank hat eine schöne Einmalprovision erlöst. Die Abschluss Gebühr für so einen Bauspar-Vertrag beträgt 1% (€ 8.000,-) der Bausparsumme. Die sind dann erst mal weg, bzw. woanders. Weg vom Kunden, aber bei der Bank sehr willkommen. Dazu der Zinssatz von 2,4% p.a. für das Vorausdarlehen und später 3,5% für das Bauspardarlehen im Gegensatz zu einer „normalen" Verzinsung für Annuitätendarlehen, die im Moment > 2% liegt.

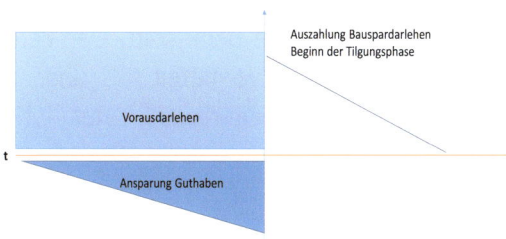

Wer das ganze bezahlt?? Sie kommen bestimmt drauf.

Zu 2.
Vorsätzliche Formfehler (Betrug?)

Betrug in Klammern geschrieben. Ich bin kein Jurist. Und so überlasse ich die juristische Würdigung des Vorganges auch den Juristen. Dem Leser überlasse ich seine eigene Meinung nach Kenntnis der folgenden Fakten:

- Es fand im Vorfeld der Vertragsabschlüsse keine Beratung durch die Bank statt. Der Vermittler hat vermittelt und die Bonitätsunterlagen des Kunden zusammengestellt. Die Bank hat geprüft, Vertragsunterlagen gefertigt, und diese dem Kunden vorgelegt. Ohne vorherige Beratung!

- Der Vertragsabschluss fand nicht in den Räumen der Bank statt, auch nicht in den Räumen der Kreditnehmer. Man traf sich in einem Hotel. 360 Kilometer entfernt vom Dienstsitz des Bankers. (Irgendwie erinnert mich das an schlechte Agentenfilme)

- Bei der Vertragsunterzeichnung wurden Ort und Datum der Unterschriften handschriftlich mit einem Ort dokumentiert, der dem Dienstsitz des Bankers entspricht. Es wurde nicht der Ort eingetragen, an dem tatsächlich unterschrieben wurde. Das ist eine Urkundenfälschung. Warum macht man sowas? Weil sonst klar wäre, dass es sich um ein Haustürgeschäft handelt. Und das ist nicht erlaubt.

- Anschließend wurde das Vorausdarlehen sofort ausgezahlt, und zwar in die beiden Bausparverträge (abzüglich der Abschluss Provision). Rechte Tasche, linke Tasche der Bank. Allerdings müsste der Kunde dazu noch einen sogenannten Auszahlungsauftrag unterschreiben. Hat er aber nicht. Die Zinsen für dieses Vorausdarlehen fingen sofort an zu laufen.

- Die Bauspardarlehen konnten allerdings nicht ausgezahlt werden. Nach Angaben der Bank waren die Auszahlungs-voraussetzungen nicht erfüllt. Das stimmt, denn dies war die Eintragung erstrangiger Grund- schulden in die Grundbücher. Dass dies objektiv nicht gelingen konnte wäre aber jedem, der schon einmal ein Grundbuch in der Hand hatte, bei der ersten Übersicht sofort aufgefallen. Wenn in Abteilung III eines Grundbuches über 20 Grundschuld-eintragungen, angefangen von Zwangssicherungshypotheken des Finanzamtes, Grundschulden von Banken, Grundschulden wegen Insolvenz sowie zahl-reiche Grundschulden von Lieferanten zu finden sind, dann weiß jeder Trottel, dass diese Grundschulden halt eben nicht mal so eben auszuräumen sind. Die Bereitstellungsprovision für diese Darlehen, immerhin 3% (€ 12.000,-) pro Jahr, wurde jedoch schon fleißig in Rechnung gestellt.

Da der Kunde natürlich diese Zinsen und Bereitstellungsprovisionen in Summe nicht bezahlen konnte – er wollte ja einen Kredit aufnehmen, weil er Geld braucht – wurde ein Teil der Beträge mit dem Bausparguthaben (das ja aus dem Vorausdarlehen gespeist wurde) verrechnet. Rechte Tasche, linke Tatsache.

Und dann stellt sich diese Bank hin und schreibt dem Kunden, da er ja die Darlehen nicht abnehmen wolle, würden die Verträge jetzt aufgelöst, und er solle € 108.452,73 an Vorfälligkeitsentschädigung bezahlen. Nachdem sie das Spiel 2 Jahre hat laufen lassen. Das Mehrfamilienhaus wurde mittlerweile zwangsversteigert. Jeder, der damit schon einmal etwas zu tun hatte weiß, dass dabei niemals der Preis erlöst wurde, der im freihändigen Verkauf hätte erlöst werden können. Der Schaden, den diese Bank verursacht hat, liegt tatsächlich noch viel höher als die verlangte Vorfälligkeitsentschädigung.

Nach Aufarbeitung der Unterlagen habe ich eine Telefonkonferenz mit der Bank geführt. Am anderen Ende der Banker, sein Vorgesetzter und eine Dame aus der Kreditabteilung. Man hat mir Werdegang der Finanzierung aus Sicht der Bank geschildert. Ich habe meine Sicht der Dinge, so wie oben beschrieben, vorgetragen. Das wurde nicht kommentiert. Das Gespräch war sachlich nüchtern, nicht unfreundlich, und am Ende wurde ich gebeten den Kunden zu fragen, was er den zu leisten bereit sei. Sprich, volle Entschädigung erwarte man nicht, aber einen wesentlichen Teil.

Interessant wurde es erst nach Beendigung des Gespräches. „Wir legen jetzt mal alle auf" hieß es da von der anderen Seite. Hat wohl einer vergessen, und ich hatte mein Headset noch auf und an. Lautes Gelächter auf der anderen Seite. Faxen wurden gemacht. Wortfetzen, die ich mir notiert habe:

- Was war das denn?
- Der hat genau alle Punkte gefunden
- Na klar, der ist doch nicht blöd

Und so weiter. Vom Ton her klar zu erkennen: keinerlei Einsicht darin, dass hier ein junger Mann mit einer unberechtigten Forderung in Höhe von über € 100.000,- konfrontiert wird, die für ihn den wirtschaftlichen Ruin bedeutet. Man hat das Konstrukt so aufgebaut, dass für die Bank kein Schaden entstehen kann, das Geld ist ja im Bausparguthaben vorhanden. Das war Absicht.

Der Vorgang ist mittlerweile in den Händen eines Rechtsanwaltes.

Solche Banker sind verantwortlich dafür, dass die Bank-Branche so in Verruf geraten ist.

Das ist kein Einzelfall. Bei vielen Banken werden solche Vorgehensweisen von oben gefordert bzw. durch einen riesigen Verkaufsdruck herausgefordert. Das ist unverantwortlich.

Ich kenne eine ganze Reihe solcher Vorfälle. Aus der Ferne, aber auch im Laufe der Jahre immer wieder durch Forderungen von „oben", Produkte zu verkaufen. Besonders schlimm habe ich es vor 10-15 Jahren empfunden, als die sogenannten Derivate in Masse im Mittelstand verkauft werden sollten. Da hat dann ein Abteilungsleiter der Derivateabteilung in der Vertriebssitzung darauf gedrängt, dass man halt auch mal den Kunden überreden solle. Verkaufen, Provision kassieren, Mund abputzen und Tschüss. So denken halt Spezies, die für 2, 3 Jahre große Tantiemen kassieren, und dann weiterziehen. Ein Freund aus einer Frankfurter Großbank sagte einmal zu mir „Thomas, wir züchten solche Typen".

Ein Berater, der vor Ort mit dem Kunden langjährige Geschäfte machen will, denkt so nicht. Mit einem verantwortungsvollen Berater wäre so ein Geschäft, wie es in diesem Kapitel beschrieben ist, auch niemals zustande gekommen. Und solche verantwortungsvollen Berater gibt es auch. Gott sei Dank.

Aber alle stehen unter Verkaufsdruck.

Schönes Leben noch

Lieblingssatz eines Abteilungsleiters Vertrieb einer Bank:

„Und wenn er nicht passt …. schönes Leben noch"

„Er", das ist in diesem Fall der Kunde. Wie? Nicht passen. Hat der jetzt goldene Löffel geklaut. Oder ist er pleite? Mitnichten.

In einer Bank gibt es verschiedene Kundeklassen. Ich teile mal auf in 3 Klassen:

- Privatkunden
- Geschäftskunden
- Firmenkunden

Und für jede Kundenklasse gibt es definierte Zielgrössen. Also, ein Privatkunde ist ein guter Privatkunde wenn die Bank pro Jahr einen „Kundennutzen" (=Bruttoertrag) in Höhe von beispielhaft € 5.000,- erwirtschaftet. Wenn er nur € 1.000,- erwirtschaftet …. na ja. Und wenn er nur € 100,- erwirtschaftet …. schönes Leben noch.

Für Geschäftskunden und Firmenkunden gelten andere Größenordnungen, im Prinzip jedoch genau das Gleiche.

Wobei Banken unterschiedliche Clustergrößen haben. Bei kleineren Instituten sind Private halt Private, bei Größeren gibt es Privatkunden, Private Banking für den gehobenen Privatkunden, Geschäftskunden für Selbstständige, Firmenkunden für Firmen ab Umsatzgröße XX und darüber die Großkunden.

Für alle gilt: Die Bank will Geld verdienen. Und wenn Sie es nicht will – manche verhalten sich so – dann muss sie es zumindest.

Die Frage ist, wie geht eine Bank mit Kunden um, mit denen die definierten Bruttoerträge nachhaltig und dauerhaft nicht erzielt werden. Hier gibt es große Unterschiede. Kleinere Institute tun dies nach meiner Erfahrung nicht. Klar, hier werden Kontoführungsgebühren erhoben, meinetwegen € 5,- pro Monat. Wer das nicht kann, der kann kein Kunde sein. Aber das sind € 60,- im Jahr. Damit verdient keine

Bank Geld. Als kleines, regional verankertes Bankinstitut macht man das halt. Damit in der Fläche die Bevölkerung mit Konten versorgt ist.

Großbanken ist das egal. Auch wenn jetzt ein Aufschrei durch irgendwelche Büroräume hallt, sollte ein Banker dieses Buch lesen. Es ist egal. Spätestens ab der 2ten Ebene über dem Kundeberater interessiert das keinen Menschen mehr. In Großbanken werden regelmäßig Kunden und Konten gescreent. Und dann gibt es Bereinigungen des Kundenportefolios. Sind da Konten dabei, die nichts bringen und auch nicht „entwicklungsfähig" sind …. schönes Leben noch. Mit entsprechenden Konsequenzen für die Kunden. Eine neue Bank suchen, EC-Karten, Kreditkarten, Dispolimit, vielleicht eine neue Mietbürgschaft. Der Bank ist das …. Wurst.

„Schönes Leben noch" ist aber viel mehr als das. Den Satz habe ich mehr als einmal gehört. Von verschiedenen Bankern. Er dokumentiert nichts anderes als die Einstellung dieser Banker gegenüber ihren Kunden. Das hat nichts, aber auch nichts mit

Respekt und Geschäftsverbindung auf Augenhöhe zu tun.

Auch aus diesem Grunde komme ich hier wieder auf die Kernaussage dieses Buches zurück: Die Suche nach der richtigen Bank ist eine permanente unternehmerische Aufgabe, zu vergleichen mit der Suche nach dem passenden Personal. Das hört nie auf, da es sich ständig ändert.

Der Weg vom Kreditantrag bis zur Entscheidung

Was passiert eigentlich, wenn Sie mit Ihrem Finanzierungswunsch zu Ihrer Bank kommen? Auf wen treffen Sie dort? Ihren Berater, ok. Kennen Sie den schon? Kann der über Ihren Antrag entscheiden?? Und wenn nicht, wer macht das sonst??

Fragen über Fragen, mit denen sich nach meiner Erfahrung jedoch nur wenige Unternehmer beschäftigen. Dabei ist das wichtig, denn die Kenntnis über die Abläufe in einer Bank und damit die Anforderungen an einen Kreditantrag helfen in der Praxis sehr, den Kreditantrags- und entscheidungsprozess zu unterstützen. Die Erfolgschancen steigen.

Prinzipiell kann ich die obigen Fragen mit einem launigen „das kommt drauf an" beantworten. Worauf? Nun, es kommt an auf

- ➢ Kreditart
- ➢ Kredithöhe
- ➢ Die Bank

Die Kreditart

Alle denkbaren Kreditarten hier aufzuzählen macht keinen Sinn und wäre langweilig. Allerdings macht es nach meiner Einschätzung Sinn ein paar Kreditarten aufzuführen, die oftmals als solche nicht angesehen werden:

- ➢ Die EC-Karte mit Limit
- ➢ Die Kreditkarte
- ➢ Die Mietkautionsbürgschaft
- ➢ Das Kontolimit (Girolimit)

Ich hörte dann öfter „Nein, ich habe keinen Kredit bei der Bank". Auf Nachfrage war dann immer einer von den aufgeführten Dingen dabei. Auch das sind Kredite.

Das Limit auf der EC-Karte, das Kreditkartenlimit und das Girolimit ergeben sich in der Regel aus der Höhe der Kontoumsätze. Hier haben die Kundenberater eine alleinige Entscheidungskompetenz und brauchen die Limits nur in das System einzugeben. Fertig. Werden Kundenseitig höhere Limits gewünscht, als die Routine aus den Kontoumsätzen es erlaubt, geht das

Ganze in einen Kreditordnungsprozess über. Dazu sind dann Unterlagen einzureichen und Entscheidungen in der Bank von Kompetenzträgern zu treffen.

Übrigens: Der Girokredit ist nicht mit dem Kontokorrentkredit zu verwechseln. Auch wenn im Ergebnis der Kunde sein Konto bis zu einem bestimmten Betrag über das Kontoguthaben in Anspruch nehmen darf; also bis zu einer Kreditlinie. Der Girokredit ergibt sich automatisch aus der Höhe definierter regelmäßiger Zahlungseingänge, wie Lohn, Gehalt, Rente oder Einnahmen aus Mieterlösen. Bei Löhnen etc. gilt dann ein Multiplikator von zum Beispiel 2-3 Monatseinkommen, und schon haben wir die Höhe des Girolimits. Bei Eingängen aus Mieterlösen ist der einfache Wert üblich. Hier reichen zur Einräumung der Linie in der Regel die sogenannten Umsatzerfahrungen auf dem Konto aus. Die Einreichung von Unterlagen ist nicht notwendig. Entsprechend ist diese Kreditart meistens bei privaten Lohn- und Gehaltsempfängern zu finden.

Der Kontokorrentkredit dagegen findet sich mehr im unternehmerischen Umfeld. Er dient der Finanzierung des kurzfristigen Umlaufvermögens, also dem Warenlager und den Forderungen gegen Kunden. Die Anforderungen an die Höhe eines Kontokorrentkredites kann man jedoch nicht pauschal von der Höhe des Umlaufvermögens ableiten, auch wenn dieser Versuch gerne von den Banken unternommen wird. Je nach Geschäftsart sind die Anforderungen an diese Kreditform jedoch unterschiedlich. In jedem Falle bedarf es einer individuellen Kreditprüfung in der Bank.

Die Inanspruchnahme einer Kreditlinie auf dem Giro- oder Kontokorrentkonto ist übrigens eine Inanspruchnahme, und keine Überziehung. Eine Überziehung liegt vor, wenn der Kontosaldo sich außerhalb der genehmigten Kreditlinie befindet. Dann erst kommt zu dem vereinbarten Sollzinssatz die Überziehungsprovision, oder der Überziehungszins, in der Regel 5% auf den Sollzins drauf. Und, es beginnt ein automatischer Zähler beim Rating. Wird ein Konto immer wieder „überzogen", dann verschlechtert sich automatisch die Bonität. Auch wenn die Bank die Überziehung duldet.

Die Mietkautionsbürgschaft hingegen ist ein typisches Thema für den Privatkunden einer Bank. Auch hier bedarf es jedoch einer Kreditentscheidung in der Kreditabteilung der Bank nach vorheriger Prüfung der Kreditwürdigkeit. Hier ist der Gehalts- bzw. Einkommensnachweis zu erbringen.

Die Kredithöhe

Wenn ein Banker eine Kreditvollmacht hat, dann ist diese betraglich limitiert und auf dem Wege des 4-Augen-Prinzips einzusetzen. 2 Augen davon sind die des Beraters, die anderen beiden gehören dem Mitarbeiter der Kreditabteilung. Reichen die Vollmachten betraglich nicht aus, ist der Vorgesetzte des Beraters dran. Der entscheidet zusammen mit dem Vorgesetzten des Kreditsachbearbeiters. Und so weiter. Irgendwann ist dann der Vorstand dran. Das geht bei einer kleinen Bank recht schnell, bei einer Großbank gibt es dann aber doch ein paar mehr Hirachiestufen.

Die Bank

Da die Bank sich aus Menschen zusammensetzt gibt es alleine dadurch schon Unterschiede. Entscheidend ist nicht nur, welche Kompetenzen verteilt werden, sondern auch, wie das gelebt wird. Es gibt Banken, da traut sich der Privatkundenberater nicht einmal, ohne schriftliche Genehmigung des Vorstandes einen Kaffee am Automaten zu ziehen und dem Kunden anzubieten.

Sachlich entscheidend ist natürlich die Größe einer Bank, gemessen an der Bilanzsumme. Eine Genossenschaftsbank mit einer Bilanzsumme von 200 Mio.€ tut sich bei der Entscheidung eines Kredites von 1 Mio.€ für einen Kunden dann doch wesentlich schwerer als eine Großbank. Bei der erstgenannten Bank entscheidet der Vorstand, bei der Commerzbank dagegen gibt es in der Firmenkundenbank im Rahmen einer vereinfachten Kreditordnung – die passen muss – hier eine alleinige Kompetenz des Firmenkundenbetreuers.

Alle Mann auf zur Commerzbank?? Ja ... neee ... so habe ich das nicht gemeint.

Werfen wir doch einmal ein paar Blicke auf **den typischen Ablauf einer Kreditbeantragung**.

Alles fängt damit an, dass Sie zu Ihrer Bank gehen......

.... bevor ich an dieser Stelle mit meinen Erläuterungen fortfahre weise ich darauf hin, dass einiges des folgenden wohl als überspitzt formuliert bezeichnet werden kann. Ist es in einigen Fällen auch. Jedoch, in den weitaus von mir erlebten läuft es genauso ab ....

Was Sie dem Banker erzählen ...

- 100% Ich weiß alles über mich
- Bla bla bla.. Erbsen ... 50%
- Ah, ich verstehe .. 30%
- Ärger mit dem Chef
- Tochter krank
- Dieser Depp aus der Kreditabteilung

... und was bei ihm ankommt ......

Zunächst einmal ist der Unternehmer, davon überzeugt, dass er alle Informationen mitbringt, die der Banker braucht. Und wenn es im Kopf ist. Das kann er dem Banker ja alles erzählen.

Das Problem ist nur, er weiß im Zweifel gar nicht, welche Informationen der Banker alle braucht. Und so kommt es, dass nur 50% der für eine Kreditentscheidung benötigten Informationen bei diesem Gespräch präsentiert werden. Und das ist eine Hochrechnung.

Der Unternehmer setzt bei diesem Gespräch darauf, dass der Banker vollkommen konzentriert bei der Sache ist. Und ihn auch noch versteht. Tja, und da schlägt der Faktor Mensch erbarmungslos zu.

Zum einen, wenn der Banker nicht zufällig eine ausgeprägte Affinität zu Schrauben hat, dann können Sie ihm stundenlang etwas von der Schraubenproduktion erzählen. Er versteht Sie nicht; oder nur bis zu einem gewissen Grad. Er ist sicherlich – das unterstelle ich jetzt einmal, obwohl es keineswegs immer so ist – ein erfahrener Bankberater und hat sich schon mit vielen Unternehmen beschäftigt. Aber halt aus Bankensicht[14]

Zum anderen, der Banker ist ein ganzheitlicher Mensch, mit guten und mit schlechten Tagen. Mal hört er konzentriert zu, mal ist er mit seinen Gedanken ganz woanders, macht aber ein konzentriertes Gesicht. In jedem Fall kommen nicht 100% der Informationen, die Sie als Unternehmer ihm geben, bei ihm an. Da Ihre 100% aber eigentlich ja nur bestenfalls 50% sind, kommen bei ihm nur … ja was denn nun … an.

Am nächsten Tag fasst dann Ihr Bankberater die von Ihnen erhaltenen Informationen in einem formellen Kreditantrag zusammen:

---

[14] Siehe Kapitel „Was der Banker nicht versteht ….."

… und was davon in der Kreditabteilung ankommt ….

… ist ein großer Unterschied!!

Dem aufmerksamen Leser wird aufgefallen sein, dass aus den im ersten Schaubild gezeigten 30% Informationen, die beim Berater angekommen sind, jetzt nur noch 20% geblieben sind. Mit Schwund muss man halt rechnen, wenn eine Nacht drüber vergeht. Man stelle sich vor, er hat viel zu tun und kommt erst zwei Tage später dazu, den Antrag zu stellen.

Jetzt kommt eine entscheidende Phase in der Kreditantragstellung. Der Antrag muss vom Berater in die Kreditabteilung eingereicht werden. Das macht er nicht gerne, denn …. Berater und Kreditsachbearbeiter mögen sich nicht!! Da liegt in der Natur der Sache. Einmal wegen der unterschiedlichen Aufträge der

Berufsgruppen. Der Berater soll Geschäft machen, verkaufen und Erträge reinholen. Der Kreditsachbearbeiter hingegen soll Risiken erkennen und vermeiden. Kredite sind immer ein Risiko.

Dazu kommen die höchst unterschiedlichen Mentalitäten. Der Berater ist eher extrovertiert, entscheidungsfreudig und etwas lässig. Der Kreditsachbearbeiter entstammt eher der Gattung der Lurche und schließt sich gerne ohne Telefon und Fenster in seinem Büro ein. Er trifft nicht gerne Entscheidungen, schon gar nicht, wenn sie sich nicht eins zu eins aus einer exakten Übereinstimmung des Kreditantrages mit seiner Checkliste ableiten lassen.

Das ist jetzt eine sehr gemeine Formulierung, aber ich lasse sie stehen, weil sie mir einfach Spaß macht. Der Leser lernt spätestens jetzt, dass ich Berater war.

Sachlich formuliert ist der Kreditsachbearbeiter sehr auf die Einhaltung der Formalitäten fokussiert. Wenn diese Formalitäten nicht erfüllt sind, bricht er seine Prüfhandlung ab und gibt den Antrag mit dem

Vermerk „Nicht entscheidungsreif" an den Berater zurück. Diesem platzt jetzt zum ersten Mal der Kragen. War ja klar. Er hat es kommen sehen, und es kam. Weil es (fast) immer so kommt.

Ich habe kürzlich von einer Wirtschaftsfördergesellschaft eine Zahl aus einer Studie gehört. Danach kommen in der Erstbeantragung eines Kredites in der Kreditabteilung einer Bank im Schnitt 8% der für eine Kreditentscheidung relevanten Informationen an. Ich kann diese Zahl nicht verifizieren, aber ich halte sie nicht für so abwegig. Und da wird das ganze Dilemma deutlich. Auf welcher Basis bitte soll ein Kreditsachbearbeiter entscheiden, wenn nur 8% der benötigten Informationen vorliegen?? Da gibt es keine Basis. Punkt.

Der Kreditsachbearbeiter gibt also den Antrag zurück und fordert den Berater auf, Informationen und Unterlagen zu besorgen. Der Berater ärgert sich darüber, aber auch ein bisschen über sich selbst, weil er ja ein erfahrener Banker ist und eigentlich daran hätte denken müssen. Hat er aber nicht. Also fragt er den Kunden. Und der ärgert sich jetzt über seinen Berater, weil er ihm doch schon alles erzählt hat und jetzt eigentlich nur noch auf die Zusage warten und ebenso eigentlich keinen weiteren Aufwand damit haben will. Er besorgt die Unterlagen dennoch, was natürlich dauert, und reicht sie bei seiner Bank ein. Der Banker hat bis dahin alles vergessen, weil er ja auch noch andere Kunden hat, und fängt von vorne an. Dann reicht er die nachgereichten Unterlagen in der Kreditabteilung ein. Der dortige Sachbearbeiter hat ebenfalls schon längst wieder alles vergessen, und fängt wieder von vorne an. Dabei stößt er dann bald, weil er ja den Prüfungsvorgang wegen fehlender Unterlagen seinerzeit abgebrochen hatte, auf fehlende Unterlagen, die er ja bisher noch nicht vermissen konnte. Also bricht er den Prüfvorgang ab, und fordert diese Unterlagen bei dem Berater an. Diesem platzt jetzt der gerade geflickte Kragen erneut. Weil ……. Es gibt Ärger. Und der potenziert sich. Wen wundert´s.

Jetzt haben wir aber immer noch keinen Kredit. Was tun als Unternehmer?? Die Firma abmelden und einen anständigen Job suchen??? Manchmal wünschte man sich das.

Die Lösung ist grundsätzlich ganz einfach. Der Unternehmer stellt einen Kreditantrag bei der Bank und reicht damit alle für eine Kreditentscheidung relevanten Informationen und Unterlagen strukturiert ein. Der Bankberater muss nur noch sein Formular „Kreditantrag" davor heften, schreibt darauf den Namen des Kunden und dessen Kontonummer, im Antragstext den Vermerk „siehe Anlage".

Wenn wir all die kleinen zwischenmenschlichen persönlichen Geschichtchen und Animositäten, die ich bis hierher erzählt habe, einmal weglassen, dann ist es genau das, was zählt. Eine Bank unterliegt bei Kreditentscheidungen klar definierten formellen Vorschriften. Wer einen Kredit will, muss diese erfüllen. Alle anderen müssen sich bei der Oma das benötigte Geld leihen.

Da die Lösung natürlich doch nicht ganz so einfach ist, widme ich das folgende Kapitel dem Inhalt und dem Aufbau eines Kreditantrages.

Der Kreditantrag

Für Kreditanträge gelten in den Banken ganz bestimmte Regeln. Unabhängig davon, in welchem Kreditordnungsprozess der Kunde bzw. dessen Kreditwunsch in der Bank angesiedelt ist.

Kreditanträge müssen <u>vollständig</u> sein, <u>transparent</u> und den <u>formalen</u> Erfordernissen entsprechen.

Was die Bank wissen möchte -und auch muss- fasse ich hier einmal mit den berühmten „W" zusammen:

Wer ist der Kreditnehmer
Was will er finanzieren
Wie will er das finanzieren
Wie will er das besichern
Wie will er den Kredit zurückzahlen

Das klingt erst einmal ziemlich banal, ist es aber nicht. Denn, seien wir einmal ehrlich, wer er ist wissen die meisten Kreditnehmer, was sie finanzieren wollen in der Regel auch.

Wie sie finanzieren wollen …. ok, da fragen wir mal die Bank. Schon schlecht, sage ich an dieser Stelle. Wenn ich die Bank dazu befrage, dann wird diese mir eine Finanzierung verkaufen, die in erster Linie für die Bank passt. Der Unternehmer sollte sich daher in jedem Fall im Vorfeld darüber Gedanken machen, welche Kreditart, Laufzeit, Tilgung etc. er für sein Unternehmen und / oder für eine bestimmte Investition benötigt.

Die Frage nach den Kreditsicherheiten kommt bestimmt. Auch hier sollte sich der Unternehmer nicht vom Banker führen lassen. Sonst kommt er mit der obligatorischen Lebensversicherung, wenn es ganz schlimm läuft mit der Raten-schutzversicherung gegen Arbeitslosigkeit wieder aus der Bank raus. Diese Ratenschutzversicherungen sind oft sehr teuer und leisten nur in Fällen die selten eintreten. Was nicht heißt, dass sie per se schlecht sind. Schlecht ist, wenn sich der Unternehmer davon im Vorfeld keine Gedanken gemacht hat und dann ratlos vor dem Banker sitzt.

Die Kernfrage jedoch ist immer: Wie soll der Kredit zurückgezahlt werden?? An dieser Stelle spätestens gibt sich die Bank nicht mehr mit irgendwelchen allgemeinen Aussagen zufrieden. Der Unternehmer muss auf den Punkt beantworten, wie sich sein Geschäft in den nächsten Monaten, je nach Höhe und Art der Finanzierung sogar in den nächsten 3 Jahren entwickeln wird. Welche Auswirkungen hat die Finanzierung und die damit verbundene Investition.

Das Ganze plant ja der gewissenhafte Unternehmer erst einmal für sich selbst. Ich nehme keinen Kredit auf, wenn ich selbe nicht weiß, wie ich ihn wieder zurückbezahle. Also mache ich eine Planung. An dieser Stelle gebe ich zu, dass ich ein großer Fan der integrierten Finanzplanung bin.

Als erstes plane ich die Entwicklung meiner Umsätze, Erträge und Kosten. Daraus errechnen sich das Ergebnis und meine Kapitaldienstfähigkeit. Und damit ist der erste Teil meiner Frage an mich selbst beantwortet: Kann ich meine Kredite bedienen?

Ich empfehle übrigens für das erste Jahr eine Planung auf Monatsbasis und bereite gleichzeitig eine Soll/Ist-Abweichungsanalyse vor. So kann ich mich auch gleich selbst überprüfen.

Aus der Umsatz- und Ertragsplanung leite ich eine Bilanzplanung ab. Das heisst konkret, wie wird sich meine Bilanz entwickeln, wenn meine Umsatz- und Ertragsprognosen eintreffen. Daraus kann ich dann auch gleich Rückschlüsse auf das Passen meiner Finanzierungen etc. ziehen. Denn, was nützt es mir, wenn ich rechnerisch heute meine Kredite bedienen kann, wenn gleichzeitig mein Eigenkapital in den Keller geht. Spätestens im kommenden Jahr werde ich von den Banken neu geratet[15], und aufgrund solch einem Detail verliere ich einen Teil meiner Kreditwürdigkeit. Dann steht auf einmal meine Kontokorrentlinie im Feuer und die Bank fängt an, viele und unangenehme Fragen zu stellen.

Schlussendlich wird aus den Planzahlen eine Cash-Flow-Planung entwickelt. Damit wird

---

[15] Siehe: Rating – was und warum

die Frage entgültig beantwortet, ob die Kapitaldienstfähigkeit gegeben ist.

Unternehmen, die eine Einnahmen / Überschussrechnung erstellen, werden natürlich keine Bilanzplanung machen. Erstens, weil es keine Bilanz als Basis gibt; zweitens, weil der Aufwand viel zu hoch und das Ergebnis nicht brauchbar wären.

So, lange Rede kurzer Sinn, im Folgenden beschreibe ich den Aufbau eines Kreditantrages und gebe zu den einzelnen Punkten hoffentlich wissenswertes dazu.

Inhalt eines Kreditantrages

1. Angaben über den Kreditnehmer

1.1 Name, Rechtsform, Gründung

Die Überschrift ist in diesem Falle schon Programm, Name, Vorname, Firmenname, Rechtsform, bei eingetragenen Gesellschaften den Ort der Eintragung (Amtsgericht …) und Registernummer (HR B 12345). Dazu das Datum der Gründung.

Warum die Handelsregister (HR) Nummer an dieser Stelle? Kann das der Banker nicht selber nachschauen?? Kann er, will er aber nicht. Und wir auch nicht. Denn …. Er legt an dieser Stelle den Antrag zur Seite und bestellt erst einmal einen HR-Auszug- Wollen wir das? Nein, wir haben im Vorfeld einen aktuellen Auszug besorgt und in Kopie dem Antrag beigefügt.

1.2 Gegenstand des Unternehmens

An dieser Stelle: keine langen Ausführungen. In der Kürze liegt die Würze, und so reichen hier 3-5 Sätze. Die allerdings müssen sitzen und den Geschäftsgegenstand tatsächlich verständlich wiedergeben.

1.3 Wirtschaftliche Situation

Hier wird es ausführlich, denn hier kommen die Jahresabschlüsse der letzten 3 Jahre rein. Oder genauer, im Antrag selbst nur eine Essenz dieser Abschlüsse, die sich jedoch vollständig und unterschrieben im Anhang des Antrags befinden müssen. Liegt der Abschluss des letzten Wirtschaftsjahres noch nicht vor, so ist die BWA (betriebswirtschaftliche Auswertung) zum 31.12. des Vorjahres inclusive SuSa (Summen- und Saldenliste) zwingend erforderlich.

Zu den Besonderheiten der wirtschaftlichen Verhältnisse muss Stellung genommen werden. Dies betrifft die positiven Aspekte der Bilanzen und GuV´s (Gewinn- und

Verlustrechnung) genauso wie die kritischen Punkte.

Ein paar Worte zu den kritischen Aspekten. Hier zeigt die Erfahrung, dass Unternehmer bei der Kreditbeantragung schon einmal dazu neigen, diese -formulieren wir es einmal vorsichtig- nicht in den Vordergrund zu stellen. Oder deutlicher: unerwähnt zu lassen. Davon rate ich mit Nachdruck ab. Zum einen, die Bank hat ein Recht darauf zu wissen, auf was für ein Geschäft sie sich einlässt. Und dies auch Abseits von den Verpflichtungen der Kreditnehmer zur Wahrheit. Zum anderen, es ist einfach extrem unglücklich, wenn die Bank durch eigene Analyse auf Umstände stößt, die der Antragsteller hätte erwähnen sollen, weil damit die Kreditentscheidung unter ganz anderen Voraussetzungen zu treffen wäre. Dies könnten zum Beispiel drohende Verluste durch den sich schon abzeichnenden Ausfall von Forderungen sein.

Es gilt der Grundsatz der Bilanzklarheit und der Bilanzwahrheit. Bei der Beantragung von Krediten bei Banken geht es darüber hinaus um Transparenz. Lässt der Antragsteller diese Grundsätze außer Acht, ist das Vertrauen futsch. Und damit der ganze Antrag.

Die Jahresabschlüsse der Vorjahre werden in die Analysesysteme der Banken eingegeben und bilden die Basis für das zu ermittelnde Rating. Und dieses Rating ist dann schon die Eintrittskarte in den Kreditordnungsprozess … oder auch nicht. Wenn die Bilanzanalyse an dieser Stelle die Ampel auf Rot stellt, dann ist sie rot.

Je nach Ratingsystematik hat der Kundenbetreuer auf Basis des Bilanzratings noch einige Fragen zu beantworten. Die Antworten ergeben sich aus den Erläuterungen zu den Jahresabschlüssen und aus dem persönlichen Kundengespräch.

Ich rate schon aus diesem Grunde dazu, mit Einreichung eines Kreditantrages (in Form eines Businessplans) ein persönliches Gespräch mit dem Kundenberater zu führen, damit dieser neben den vollumfänglichen Informationen aus dem Businessplan auch die subjektiven Eindrücke, die er erhalten hat, weitergeben kann.

2. Markt

2.1 Allgemeine Informationen

Vom Makrokosmos zum Mikrokosmos. Entscheidend ist schon einmal der geographische Bezug. Es macht einen Unterschied, ob Sie Ihre Produkte und Leistungen im Inland, oder auch im Ausland verkaufen. Wenn Ausland, dann welches?

Der Markt bezieht sich dann auf die Branche, in der Sie tätig sind, auf die Produkte und auf die Marktteilnehmer.

Zu den allgemeinen Informationen über den Markt gehört auch Ihre Einschätzung, wie sich Ihr Markt – oder Ihre Märkte – in Zukunft entwickeln wird, und wie Sie darauf reagieren.

An dieser Stelle dazu alle wesentlichen Informationen, kurz und knackig. Ausführlicher wird´s danach …

2.2 Wettbewerber

Wer sind die Wettbewerber?? Was zeichnet diese aus, wo gibt es Unterschiede, wo vergleichbares?

Wenn Sie lang genug am Markt sind, kennen Sie Ihre Mitbewerber genau. Geben Sie an dieser Stelle die wesentlichen Fakten auf, seien Sie genau, aber verkneifen Sie sich Prosa.

2.3 Alleinstellungsmerkmale

Ein ganz wichtiger Punkt. Warum kaufen die Kunden bei Ihnen, und nicht beim Wettbewerb? Warum war das in der Vergangenheit so, und wie werden Sie Ihre Alleinstellungsmerkmale in Zukunft behaupten und ausbauen. Denn, davon hängt maßgeblich Ihr wirtschaftlicher Erfolg ab.

Bitte auch an dieser Stelle, kurz und knapp. Keine technischen Details. Denken Sie immer daran, für wen Sie den Businessplan schreiben. Für Banker.

2.4 Kunden

Wer sind Ihre Kunden? Kehren Sie die Treppe von oben. Wer sind bislang Ihre wichtigsten Kunden, wie groß sind deren Anteile am Gesamtumsatz des Unternehmens? Gib es Abhängigkeiten? Wie gehen Sie mit eventuellen Abhängigkeiten um? Welches sind Ihre Zielkunden. Welche Strategie verfolgen Sie zur Neukundengewinnung?

2.5 Lieferanten

Gleiches gilt für Ihre Lieferanten. Auch hier nennen Sie bitte Ihre größten Lieferanten, gehen Sie auf Abhängigkeiten und / oder auf Alternativen ein. Schildern Sie auch -wenn es relevant ist- was Ihre Entscheidungskriterien für die Auswahl dieser Lieferanten sind.

Diese Entscheidungskriterien können Preise, Qualitäten, Verfügbarkeit der Produkte, aber auch Skonti und Lieferantenkredite sein.

3. Gegenstand des Kreditantrages

3.1. Beschreibung des Investitionsvorhabens

Ja, um was geht es eigentlich?? Wir kommen zum Kern eines Kreditantrages.

Es muss übrigens nicht zwingend ein Investitionsvorhaben sein. Denkbar ist auch der Antrag für eine Betriebsmittellinie (Kontokorrentkredit) oder ein Betriebsmitteldarlehen.
Wichtig ist, dass Sie in kurzen Sätzen erläutern, zu welchem Zweck Sie Kreditmittel beantragen. Bei einem Betriebsmittelkredit ist das schnell erläutert, bei einem größeren Investitionsvorhaben bedarf es da schon einer ausführlicheren Beschreibung.

Ein Beispiel

Mittel-herkunft	T€	Mittel-verwendung	T€
Eigenmittel	50	CNC-Maschine	450
KfW-Kredit	450	Kosten Ingang-setzung	50
Summe	500	Summe	500

Für diese Investitionen müssen dann auch Ross und Reiter, d.h. eine exakte Beschreibung der Maschine und eine Darstellung der Kosten der Ingangsetzung aufgeführt werden. Eine Rechnung oder zumindest ein Angebot des Lieferanten sind Pflicht.

Auch die Eigenmittel müssen nachgewiesen werden. Befinden sie sich bereits im Unternehmen, so kann man das aus den Zahlen ersehen. Vielleicht ist es aber so, dass Sie als geschäftsführender Gesellschafter dem Unternehmen einen Kredit in Höhe von 50T€ zur Verfügung stellen, die dann als Eigenmittel für diese Finanzierung herangezogen werden sollen. Beschreiben Sie dies. Woher soll der Banker es sonst wissen.

3.2. Kredithöhe, Kreditart und Laufzeit

Nach meiner Erfahrung kommen Unternehmer zu ihrer Bank, haben die Unterlagen für eine Maschine dabei, die z.B. 500T€ kostet, und fragen: Finanziert Ihre Bank das??

Wenige Unternehmer haben eine Vorstellung davon, wie es finanziert werden soll. Oftmals gehen mit einer Investition in Maschinen und Anlagen gleich eine Finanzierungsmöglichkeit über den Lieferanten einher. Das ist schön einfach. Aber passt es auch?

Ich möchte weder das eine noch das andere schlecht reden. Mir ist es nur wichtig, auf wesentliche Punkte hinzuweisen:

- ➢ Der Banker berät Sie im Auftrag seiner Bank und wird auch stets an erster Stelle die Interessen seines Arbeitgebers wahren.

> Der Lieferant bietet ihnen eine Absatzfinanzierung mit dem Ziel an, Ihnen die Maschine zu verkaufen

Keiner der beiden genannten Parteien wird Ihnen eine unabhängige, auf Ihre Interessen abzielende Beratung anbieten. Das ist auch nicht deren Aufgabe. Der Banker könnte es, wenn er nahe bei Ihnen ist und über viele Informationen über Ihr Unternehmen verfügt. Er ist aber nicht unabhängig und wird Ihnen das Produkt verkaufen, an dem die Bank am besten verdient.

Der Lieferant hat im Zweifel keine Informationen über Ihr Unternehmen. Ok, er nimmt eine Bonitätsprüfung vor. Das ist eine Crefo-Auskunft, ggf. lässt er sich die Bilanzen zeigen. Daraus zeigt sich die Kapitaldienstfähigkeit; es wird die Frage beantwortet, ob Sie den Kredit zurückzahlen können. Mehr nicht.

Wer blickt mit Ihnen über den Tellerrand hinaus. Was bedeutet diese einzelne Finanzierung für Ihr Unternehmen, für die Finanzierung Ihres gesamten Unternehmens? Ist es damit getan, einfach einen KfW-Kredit aufzunehmen, weil der so schön billig ist?? Das kann ja sein. Aber billig ist nicht automatisch gleich gut.

Auf den folgenden Seiten werde ich an 3 Beispielen einer Bilanz aufzeigen, wie sich ein Bilanzbild und damit ganz maßgeblich die Bonität eines Unternehmens verändert, wenn wir 3 unterschiedliche Finanzierungsvarianten wählen.

Wir bleiben bei folgender Investition:

1 CNC-Fräsmaschine 450T€
<u>Kosten für die Ingangsetzung 50T€</u>
Gesamtinvestition 500T€

Variante I: 450T€ KfW-Kredit / 50T€ Eigenmittel

AKTIVA		PASSIVA	
Kosten der Ingangsetzung	**50**	Eigenkapital	50
Gebäude	300	Gewinnvortrag	250
Maschinen / Anlagen	950	Jahresüberschuß	70
+ CNC-Maschine	**450**	Eigenmittel	370 **19%**
Vorräte	60	Rückstellungen	20
Forderungen aus Lieferungen und Leistungen	120	Bankdarlehen	100
		+ KfW-Kredit	**450**
Sonstige Forderungen	30	Kontokorrentkredite	70
Kasse	16	sonstige Verbindlichkeiten	916
Bilanzsumme	**1926**	**Bilanzsumme**	**1926**

Variante II: 250T€ Mezzanine Kapital / 200T€ KfW-Kredit / 50T€ Eigenmittel

AKTIVA		PASSIVA	
Kosten der Ingangsetzung	**50**	Eigenkapital	50
		Mezzanine Kapital	**250**
Gebäude	300	Gewinnvortrag	250
Maschinen / Anlagen	950	Jahresüberschuß	70
+ CNC-Maschine	**450**	Eigenmittel	620 **32%**
Vorräte	60	Rückstellungen	20
Forderungen aus Lieferungen und Leistungen	120	Bankdarlehen	100
		+ KfW-Kredit	**200**
Sonstige Forderungen	30	Kontokorrentkredite	70
Kasse	16	sonstige Verbindlichkeiten	916
Bilanzsumme	**1926**	**Bilanzsumme**	**1926**

Variante III: Leasing

AKTIVA		**PASSIVA**	
		Eigenkapital	50
Gebäude	300	Gewinnvortrag	250
Maschinen / Anlagen	950	Jahresüberschuß	70
		Eigenmittel	370 **25%**
Vorräte	60	Rückstellungen	20
Forderungen aus Lieferungen und Leistungen	120	Bankdarlehen	100
Sonstige Forderungen	30	Kontokorrentkredite	70
Kasse	16	sonstige Verbindlichkeiten	916
Bilanzsumme	**1476**	**Bilanzsumme**	**1476**

Der geübte Leser hat schon erkannt, worauf ich hinauswill. Die Eigenmittel!! Oder auch die sogenannte Haftkapitalbasis eines Unternehmens. Das ist wie die Bodenplatte für ein Haus. Stabil muss es sein; so stabil, dass es das Haus bzw. das Unternehmen tragen kann.

Je stabiler die Haftkapitalbasis eines Unternehmens ist, umso stabiler und unabhängiger kann die gesamte Unternehmensfinanzierung aufgebaut werden

In <u>Variante III (Leasing)</u> ist die Bilanz ohne die Investition abgebildet; da das Wirtschaftsgut und idealerweise auch die Kosten der Ingangsetzung nicht in das Vermögen der Gesellschaft mit einfließen, findet in der Bilanz schlicht nichts statt. Die Eigenmittel sind mit 25% stabil für ein produzierendes Unternehmen. Sucht man die Auswirkungen des Leasings, so muss man in der GuV unter den Mietaufwendungen nach den Leasingraten suchen. Da wird man dann auch schnell fündig.

Anders bei <u>Variante I (KFW-Kredit)</u>, also der „klassischen Fremdfinanzierung". Maschine und Kosten der Ingangsetzung werden aktiviert, der Kredit eingebucht, die Bilanzsumme verlängert sich, die Eigenmittel sinken quotal auf 19%. OK, immer noch kein schlechter Wert, aber es verdeutlich den Effekt.

Wenn man jetzt noch weiß (gleicht weiß man´s), dass des Bankers Auge bei der Bilanzanalyse als erstes auf die Eigenmittel fällt, und auch das Rating bei einer Verschlechterung der EM-Quote massiv zusammenzuckt (Quote sinkt >20% = Malus), dann erkennt man schnell die Bedeutung dieses Effektes. Es hat schlicht Einfluss auf die gesamte Refinanzierungsfähigkeit des Unternehmens; also in der Folge durchaus auch auf den Zinssatz für den Kontokorrentkredit.

<u>Variante II</u> (Mezzanine Kapital + KfW-Kredit) ist jetzt das, was nicht an jeder Ecke angeboten wird. Ja, es kommt oft keiner drauf. Ich liebe es! Wenn es passt.

Der Begriff Mezzanine kommt aus dem Italienischen (wie übrigens das gesamte Bankenwesen) und bedeutet soviel wie Zwischengeschoss. Es ist ein Mittelding zwischen Eigenkapital und Fremdkapital, sogenanntes Nachrangkapital. In der Bilanzanalyse als Eigenkapitalsurrogat den Eigenmitteln zuzuschlagen. Je nach Vertragsart.

OK, Eigenmittel sind teuer!! (Werfen Sie an der Stelle mal einen Blick auf Ihren Kontokorrentzinssatz und die dauerhafte Inanspruchnahme des Kontos; vielleicht relativieren sich die Kosten hier schon). Der wesentliche Punkt aber ist: Dieses Kapital steht Ihnen – je nach Vertrag – 10 Jahre zur Verfügung. Ob es stürmt oder schneit. Ich muss nicht erwähnen, dass Unternehmen gute wie schlechte Zeiten durchleben. In schlechten Zeiten machen Banken sich dünne, wenn sie es können. Eigenmittel bleiben wo sie sind. Und wenn Sie jetzt noch in dem Buch zurückdenken, in die Passagen, in denen ich über die Veränderungen in der Banken-landschaft spreche, über die steigenden Schwierigkeiten, überhaupt an

Bankkredite zu kommen, dann verstehen Sie bestimmt, warum ich so scharf auf eine gute und stabile „Innenfinanzierung" bin. Die darf gerne teuer sein. Hauptsache, sie ist da wenn man sie braucht.

Sicherlich beleuchten die vorgenannten Darstellungen nur einen Aspekt bei der Wahl der passenden Finanzierung, den der Eigenmittel. Es gibt viele weitere, individuelle Aspekte. Denken Sie einmal an Ihre Nachfolge. Wollen Sie das Unternehmen aus Altersgründen irgendwann verkaufen?? Wann wird das sein? Und wie lange liefen jetzt gleich Ihre Fremdfinanzierungen??

Das sind Überlegungen, die weder Ihre Bank noch der Anbieter eines Lieferantekredites für Sie anstellt. Sie können gleichwohl für Sie wichtig sein. Wichtig ist in jedem Fall, dass Sie das Ergebnis Ihrer Überlegungen in den Kreditantrag schreiben. Dann überlassen Sie nicht einem fremden Dritten diese Entscheidung.

4. Kreditsicherheiten

Um es gleich vorwegzuschicken: Es geht hier nicht um eine juristische Würdigung oder Ausarbeitung zum Thema. Dazu gibt es einschlägige Literatur. Ich bin auch kein Jurist, darf und will keine juristische Beratung oder Stellungnahme anbieten.

Mir geht es hier um eine verbale Auseinandersetzung mit dem Thema und die Wiedergabe von Erfahrungen aus meinem Beraterleben.

Kreditsicherheiten sind ein heiß diskutiertes Thema. Banken haben immer zu wenig, Kunden müssen immer zu viele geben. Was sind Sicherheiten wert? Warum sind sie notwendig?

Insbesondere aus der Tatsache, dass Banken möglichst viele Sicherheiten haben wollen, ergeben sich im Laufe eines Unternehmerlebens neue Aufgabenstellungen. Am Anfang eines Unternehmens ist das Sicherheiten Bedürfnis der Banken besonders groß. Nur natürlich, wenn man noch nicht auf eine

Unternehmenshistorie zurückgreifen kann. Und so wird alles verhaftet, was nicht niet- und nagelfest ist.

In den Sicherungszweckerklärungen findet sich dann in aller Regel der Satz, dass diese Sicherheit für alle „bestehenden und zukünftigen Verbindlichkeiten des Kreditnehmers" bei dieser Bank haften. Der sogenannte weite Sicherungszweck.

Wenn also am Anfang eines Unternehmerlebens die Grundschuld auf das private Haus als Sicherheit für die Kontokorrentlinie gegeben wird, so ist das dann 20 Jahre später noch immer so. Aber ist es auch angemessen??

Bis solche alten Sicherheitenvereinbarungen, insbesondere, wenn sie sich in den privaten Bereich hineinstrecken, aufgelöst sind, das dauert seine Zeit. Selbst wenn die wirtschaftlichen Verhältnisse des Kreditnehmers es schon lange hergeben, Banken tun sich oft extrem schwer dabei. Manche verweigern sich schlicht. Das sind dicke Bretter, die es zu bohren gilt. Schlecht, wenn es an dieser Stelle schnell gehen soll. Man stelle sich nur vor, dass man einen Dritten als Beteiligten in sein Unternehmen holen will. Oder die Nachfolge vorbereiten.

Die Tatsache, dass auch nach Jahren schon längst vergessene Sicherheitenverträge von Banken aus dem Keller geholt und den Kreditnehmer gehörig überrascht haben, lässt mich zur Achtsamkeit raten.

Ich empfehle eine Überprüfung bestehender Kredit- und Sicherheitenverträge einmal im Jahr. So wie man das auch mit Versicherungsverträgen machen sollte.

4.1. Bürgschaften des Kreditnehmers

Für Einzelunternehmer ist das kein Thema, für geschäftsführende Gesellschafter von GmbHs fast immer. Oft werde ich gefragt, warum dann überhaupt eine GmbH, wenn ich dann doch haften soll. Nun, Banken wollen explizit nicht, dass sich geschäftsführende Gesellschafter, auf deren Aussagen und Unterlagen ja eine Kreditgewährung basiert, aus der Haftung nehmen. Da spielt es auch keine Rolle, ob die Höhe der übernommenen Bürgschaft im Zweifel auch aus dem privaten Vermögen bedient werden kann. Es geht in erster Linie um das Signal: Ich, Unternehmer, stehe voll und ganz hinter diesem Unternehmen und dem beantragten Kredit.

Bürgschaften sind streng akzessorisch, das heißt vom Bestehen des Grundgeschäftes abhängig. Also auch von der Höhe des Grundgeschäftes. Wird bei Vertragsabschluss ein Kredit in Höhe von 100.000,- € mit einer selbstschuldnerischen Höchstbetragsbürgschaft in gleicher Höhe besichert, und ist der Kredit nach 5 Jahren zur Hälfte getilgt, dann besteht auch nur noch eine Bürgschaft von 50.000,- €. Erlischt das Grundgeschäft, erlischt auch die Bürgschaft. Aber Vorsicht, siehe die Ausführungen zum Thema „weiter Sicherungszweck".

Wenn aber die Bürgschaft, gerade bei einem Startup, so gar nichts wert ist, dann kommen wir zum nächsten Kapitel …

4.2 Bürgschaften Dritter

Lassen wir an dieser Stelle die Oma mal außen vor. Das ist nicht zielführend. Ein Dritter kann jedoch in der Tat eine beliebige andere Person oder auch Gesellschaft sein. Wichtig ist nur, dass diese der Bank eine Bonität nachweisen kann, die dazu geeignet ist, diese Bürgschaft auch werthaltig zu übernehmen.

Bürgschaften aus dem privaten Umfeld haben in der Regel den Vorteil, dass eine andere Motivation hinter der Abgabe einer Bürgschaft steht, als dies bei einem institutionellen Dritten (Bürgschaftsbank) der Fall ist. Der Nachteil ist oder kann sein, dass es im privaten Umfeld auch mal zu Friktionen kommen kann, die es im Umgang mit einer Bürgschaftsbank nicht gibt. Daher rate ich dringend bei privaten Bürgschafts- und Kreditübernahmen zu sehr guten und eindeutigen Verträgen. Damit im Streitfall nicht die Familie zerbricht.

Die Bürgschaftsbanken der Länder sind dafür prädestiniert, Bürgschaften als Kreditsicherheit zu geben, wenn der Kreditnehmer solche oder andere geeignete Sicherheiten nicht stellen kann. Es bedarf dazu einer formellen Beantragung bei der Bürgschaftsbank. Die Voraussetzungen bzw. Inhalte unterscheiden sich tatsächlich nicht von denen eines Kreditantrages bei einer Bank. Die Informationen, die eine Bürgschaftsbank zur Entscheidung braucht, sind die Gleichen.

Bürgschaften der Länder kosten Geld. Aktuell sind das 1,5% vom Bürgschaftsbetrag pro Jahr. Dazu kommt eine einmalige Bearbeitungsgebühr.

Dafür sind diese Bürgschaften aber auch wertvolle Kreditsicherheiten.

4.3 Sicherungsübereignung des Wirtschaftsgutes

Es gibt Sicherungsvereinbarungen, in denen der Kreditnehmer ganz pauschal alle Maschinen und Anlagen seines Unternehmens an die Bank als Sicherheit übereignet. Dies in Verbindung mit einem weiten Sicherungszweck heißt dann auf lange Zeit die absolute Abhängigkeit. Sollte zu einem späteren Zeitpunkt eine neue Maschine angeschafft werden, so unterliegt diese dann zwangsläufig dieser Sicherheitenvereinbarung.

Jetzt stelle man sich vor, die Bank möchte diese Maschine nicht finanzieren. Der Lieferant der Maschine bringt jedoch eine Finanzierung gleich mit. Es bedarf an dieser Stelle einer schriftlichen Vereinbarung mit der Bank, dass diese neue Maschine explizit nicht mit dem Sicherheiten Vertrag an die Bank übereignet wurde. Das ist ein komplexes Thema, insbesondere, wenn das Unternehmen wirtschaftlich nicht so toll dasteht und die Bank auf werthaltigen Sicherheiten besteht.

Es gibt wirtschaftliche Verhältnisse, da hat ein Unternehmen keinerlei Spielräume, was die Ausgestaltung der Kreditsicherheiten angeht. Eine Bank wird in schwierigen Situationen keine Zugeständnisse bei den Sicherheiten machen. Verständlich.

Optimal ist es, wenn eine Finanzierung für ein Wirtschaftsgut so ausgestaltet ist, dass als Sicherheit für das finanzierende Institut lediglich dieses Wirtschaftsgut übereignet ist. Wird das Wirtschaftsgut nach ein paar Jahren wieder verkauft ist das möglich, ohne dass die Finanzierung des gesamten Unternehmens angefasst werden muss.

4.4 Sicherungsübereignung des Warenlagers

Für das Warenlager gilt in Bezug auf eine weite Sicherungszweckerklärung das Gleiche wie für andere Wirtschaftsgüter.

Inhaltlich gelten durchaus andere Maßstäbe, insbesondere was den Wert der Kreditsicherheit für die Bank angeht.

Der Bestand des Warenlagers und damit der Wert ändert sich ja ständig. Sollte er jedenfalls. Ein Stillstand an der Stelle wäre ein sicheres Merkmal dafür, dass etwas nicht stimmt. Wie aber kann die Bank wissen, wie hoch der Wert der Sicherheit denn jetzt ist? Ganz einfach, zählen ist angesagt. Je nach Kreditprozess und dessen Vorschriften mindestens einmal pro Jahr. Dazu haben Banken in aller Regel keine Lust. Auch wenn es sich um Inventur handelt. Aber der Banker muss sich anhand von Inventurlisten und Stichproben überzeugen. Das ist sehr zeitintensiv, damit kostenintensiv.

Sicherungsübereignungen von Warenlagern werden daher eher aus grundsätzlichen Erwägungen von Banken als Sicherheit herangezogen. Der Sicherheitenwert wird jedoch mit extrem hohen Abschlägen vom Inventurwert oder gar mit 0 angesetzt.

4.5 Forderungszession

Die Abtretung von Forderungen aus Lieferung und Leistungen. Pauschal werden alle Forderungen von A-Z abgetreten. Es sind auch individuelle Spielarten möglich. Bank A bekommt alle Forderungen von A-M, Bank B alle Forderungen von N-Z.

Auch der Wert dieser Forderungen muss von der Bank regelmäßig überprüft werden. Dies geschieht durch die Einreichung von OPOS-Listen (offene Posten).

Aber Achtung, nicht alle Forderungen sind zessionsfähig. Auslandsforderungen schon einmal gar nicht. Die Bank geht bei der Bewertung immer davon aus, dass sie auch in der Lage ist, die abgetretene Forderung zu verwerten. Und prüft, mit welchem Aufwand dies verbunden ist. Im Inland gibt es da wenig Probleme. Im Ausland schon ein paar mehr. Andere Rechtsprechung, und so weiter.

Es gibt auch Unternehmen, welche die Abtretung von gegen sie bestehenden

Forderungen in ihren AGB´s untersagen. Das ist rechtlich nicht haltbar. Aber versuchen Sie dies einmal gegen einen großen Autokonzern durchzusetzen. Dazu hat eine Bank ebenso wenig Lust wie Sie.

4.6 Haftungsfreistellungen durch Bund und Länder

Zu finden zum Beispiel bei Krediten der KfW (Kreditanstalt für Wiederaufbau). Hier gibt es in verschiedenen Kreditprogrammen so genannte Haftungsfreistellungen für die Hausbank. Damit trägt sie Hausbank beispielhaft nicht mehr das volle Kreditrisiko, sondern nur noch 20%. Den Rest trägt die KfW und damit der Bund.

Das ist ein gut geeignetes Finanzierungsinstrument, nicht nur in Bezug auf die Sicherheiten, sondern auch in Bezug auf die Konditionen. Allerdings ist bei KfW-Krediten immer zu beachten, dass es bankdurchgeleitete Kredite sind. Der Kreditnehmer muss also in jedem Fall zu seiner Bank und diese von dem Investitionsvorhaben überzeugen. Dann erst schreibt die Bank einen Antrag an die KfW.

4.7 Grundschulden

Am liebsten genommen, die Beste, weil werthaltigste Sicherheit. Warum? Weil Immobilien einen leicht feststellbaren Marktwert haben. Und weil sie leicht zu verwerten sind. Zumindest wenn es sich um Einfamilienhäuser oder Mehrfamilienhäuser handelt. Je höher die Verwertungschancen, umso höher ist auch der Sicherheiten Wert, den die Bank ansetzen kann.

Etwas anders sieht es bei betrieblich genutzten Immobilien aus. Da zieht mal nicht eben einer aus, der nächste am kommenden Ersten ein. Gewerbeimmobilien sind oft individuell auf die Bedürfnisse des Gewerbetreibenden zugeschnitten, und für Käufer dann nur eingeschränkt oder nach Umbaumaßnahmen nutzbar. Das weiß auch die Bank. Werden bei privat genutzten Immobilien Sicherheitenwerte von bis zu 90% der Verkehrswerte herangezogen, sind es bei betrieblich genutzten Immobilien gerade einmal 30%.

Trotzdem gilt es für eine Bank als harte Sicherheit. Eine Grundschuld mit persönlicher Unterwerfung des Eigentümers unter die Zwangsvollstreckung, gleich zu Beginn des Kreditverhältnisses, stellt für die Bank eine sehr gute Sicherheit dar.

4.8 Welche Sicherheit für welchen Kredit

Wenn unser Ziel eine optimale Finanzierung für das Unternehmen ist, dann stelle ich zunächst einmal die Frage: Welchen Kredit für welchen Kreditzweck?

Eine klassische Antwort ergibt sich aus dem Bilanzbild eines Unternehmens. Eine Bilanz ist nach Fristen aufgebaut. Oben stehen auf der Aktivseite die Wirtschaftsgüter, die man nur sehr langsam liquidieren, also verkaufen kann. Nach unten hin geht´s immer schneller. Die Kasse ist schon Cash. Auf der Passivseite -das ist die Seite, die die Aktivseite finanziert – ist es genauso. Oben steht das Eigenkapital langfristig zur Verfügung. Auch die Bankkredite werden nach Fristen aufgeführt. Erst die Darlehen mit langen Laufzeiten. Dann die jederzeit fällige Kontokorrentlinie. Danach die Verbindlichkeiten gegen Lieferanten.

Wenn ich langlebige Wirtschaftsgüter mit langfristigen Finanzierungen in die Bücher nehme, und kurzfristige Wirtschaftsgüter mit kurzfristigen, dann habe ich eine sogenannte Fristenkongruenz in der Finanzierung erreicht. Das ist gut und wichtig für die Liquidität. Und liquide zu sein, das ist weit wichtiger als Kredite schneller als notwendig zurückzubezahlen. Nur um Zinsen zu sparen und das Ego zu streicheln.

Aktiva	**Passiva**
Anlagevermögen	Eigenmittel
	Langfristige Fremdmittel
Umlaufvermögen	Kurzfristige Fremdmittel

4.9 Stille Reserven

Finden sich oft im Anlagevermögen und im Warenlager. (Oder soll ich lieber sagen, werden dort vermutet?) Insbesondere dann, wenn Wirtschaftsgüter schneller abgeschrieben wurden, als sie tatsächlich an Wert verloren haben.

Bei der Betrachtung von stillen Reserven gelten für mich zwei wesentliche Gedanken:

- Das Heben von stillen Reserven, also der Verkauf des Wirtschaftsgutes mit einem Verkaufserlös über den Buchwerten, stellt einen außerordentlichen Gewinn für das Unternehmen dar. Verfügt dieses nicht über entsprechende Verlustvorträge, naht das Unheil in Form des Finanzamtes.

- Stille Reserven, zumal in Notzeiten eines Unternehmens, haben eine ganz eigenartige Eigenschaft: sie sind still. Oder anders ausgedrückt, in Notzeiten lassen sich nicht im

Ansatz die Erträge aus einem Verkauf erzielen, die sich in guten Zeiten hätten erzielen lassen.

Nach meinen Erfahrungen wird von Unternehmen gegenüber den Banken sehr häufig Bezug auf stille Reserven genommen. Stille Reserven haben jedoch keinen Sicherheitenwert. Daher bedarf es einer sehr belastbaren Argumentation gegenüber einer Bank, warum dies ausgerechnet in diesem Fall anders sein soll.

5. Forecast

5.1 Umsatz und Ertragsplanung

Bevor Sie es dem Banker erläutern muss es erst einmal für Sie klar sein: Umsatz, Kosten und damit der Ertrag werden sich – unter Einbezug der Investitionsmaßnahmen – voraussichtlich wie folgt entwickeln. Damit wird für Sie auch klar, ob Sie sich diese Investition auch leisten können, und ob sie auch unter Renditegesichtspunkten Sinn macht. Bevor Sie diese Frage nicht für sich mit einem eindeutigen „Ja" beantworten, haben Sie auch gegenüber dem Kapitalgeber keine Argumente.

Wichtig ist: Alle Positionen in einer Planung bedürfen der Erläuterung. Zumindest alle wesentlichen Positionen. Auch hier gilt: keine Prosa! Kurz und knackig. Positionen, deren Entwicklung von bestimmten Rahmenbedingungen abhängig sind, bedürfen der besonderen Erläuterung. Auf Risiken und dem Umgang damit muss hingewiesen werden.

Ein Beispiel

XY Gesellschaft	Budgetplan 2016 Best Case	%
Umsatzerlöse	500.000	**100,0%**
- Erlösberichtigungen		
= Nettoumsatz	**500.000**	**100,0%**
+/- Bestandsveränderungen		
+ Aktivierte Eigenleistungen		
= Betriebsleistung	**500.000**	**100,0%**
- Materialeinsatz		
- Wareneinsatz		
- Fremdleistungen	112.000	*22,4%*
- Sonst. var. Kosten		*0,0%*
= Rohertrag	**388.000**	***77,6%***
		0,0%
+ Sonstige Erträge	6.000	*1,2%*
		0,0%
- Personalaufwand	215.000	*43,0%*
- Abschreibungen	7.000	*1,4%*
- Sonstiger Aufwand	128.540	*25,7%*
Summe Aufwand	**344.540**	***68,9%***
= Betriebsergebnis	**43.460**	***8,7%***
		0,0%
+ Finanzerträge		*0,0%*
- Finanzaufwand	5.000	*1,0%*
= Finanzergebnis	**-5.000**	***-1,0%***
= Erg. der gewöhnl. Geschäftstät.	**38.460**	***7,7%***
		0,0%
+/- ao. Ergebnis	28.864	*5,8%*
= Ergebnis vor Steuern	**67.324**	***13,5%***
- Steuern v. Einkommen u. Ertrag	6.600	
= Jahresüberschuss /- fehlbetrag	**60.724**	

(Das ist jetzt eine vereinfachte Planung auf Excel-Basis; für ein Unternehmen dieser Größenordnung durchaus angemessen und ausreichen. Bei größeren Unternehmen arbeite ich mit einer integrierten Finanzplanung in einem Expertensystem)

Je nach Art und Umfang der beantragten Kreditmittel wollen Banken gerne eine Planung für die nächsten 3 Wirtschaftsjahre sehen. In Abhängigkeit von dem Gegenstand des Unternehmens kann dies durchaus eine Herausforderung darstellen. Immer wieder begegne ich Unternehmern die mir sagen, ihr Geschäft sei so speziell, dass man nicht planen könne. Dem muss ich dann leider entgegnen: Man kann alles planen, man muss nur die Parameter festlegen. Und vor allem: Sie müssen dem Banker sagen, wie sich Ihr Geschäft entwickelt, und wie Sie ihm die Kredite zurückzahlen. Denn, wenn Sie es ihm nicht sagen, woher soll er es dann wissen.

Was der Banker nicht versteht, finanziert er nicht.

5.2 Bilanzplanung

Banker verstehen Bilanz. Soweit waren wir ja schon einmal. Nun hat die Bilanz des letzten Jahres ein Manko: sie ist alt. Trotzdem ist sie wichtig für die Bank, vor allem für die Ratingsysteme. So funktioniert es nun einmal.

Wichtig für die Bank ist aber auch zu wissen, wie wird sich denn die Bilanz entwickeln, wenn wir unsere Umsatz- und Ertragsplanung, unsere Investitionspläne und die damit verbundenen Finanzierungen in die Tat umsetzen? Unter der Rubrik „3.2 Kreditart ..." habe ich ja bereits für verschiedene Finanzierungsformen die Auswirkungen auf die zukünftige Bilanz dargestellt. So sieht das dann aus. Damit kann der Banker etwas anfangen.

Auch hier bedürfen die nackten Zahlen einer Erläuterung. Zu den wesentlichen Bilanzpositionen muss -wie auch bei den Jahresabschlüssen der Vorjahre – Stellung genommen werden. Wieder gilt: keine Prosa, kurz und sachlich bleiben.

Tatsächlich ist eine Bilanzplanung unter Umständen eine knifflige Angelegenheit. Es geht hier sehr ins Detail. Stellen Sie sich zum Beispiel vor, Sie beantragen eine Ausweitung Ihrer Kontokorrentlinie. Mehr nicht. Mittels der nun zur Verfügung stehenden Kreditlinie führen Sie Ihre Lieferantenkredite zurück. Diese sind zwar oft leichter zu bekommen als ein Bankkredit, da der Lieferant seinen Absatz damit unterstütz, aber sie sind auch teuer. Sie sparen also Zinsen. Aber nicht nur das: plötzlich können Sie ganz andere Einkaufskonditionen aushandeln, Skonti ziehen. Das ist ein oft unterschätzter Effekt auf die Ertragslage Ihres Unternehmens.

Es geht noch weiter. Betrachten wir einmal Ihre Debitoren, also Ihre Forderungen an Ihre Kunden. Nehmen wir einmal an es gelingt Ihnen durch ein professionelles Mahnwesen die durchschnittliche Laufzeit Ihrer Forderungen um 2 Tage zu reduzieren. Der Effekt auf Ihre Liquidität ist erheblich. Das glauben Sie nicht? Rechnen Sie es durch. Ich hatte schon Mandanten, die eine Erhöhung der Linie für unabwendbar hielten, und bei denen wir durch eine stringente

Behandlung des Mahnwesens so viel Liquidität ins Unternehmen geholt haben, dass die Kontokorrentlinie nicht mehr benötigt wurde.

Bilanzplanung bringt in erster Linie für den Unternehmer wichtige Erkenntnisse. In zweiter Linie berichten Sie im Kreditantrag dem Banker von diesen Erkenntnissen.

5.3 Cash-Flow-Planung

Cash-Flow bedeutet ja nichts Anderes als: wieviel Geld fließt ins Unternehmen rein, und wieviel wieder raus. Und natürlich, was bleibt unterm Strich übrig.

Die Cash-Flow-Planung beantwortet am Ende die Frage, ob das Unternehmen den Kapitaldienst für die bestehenden und zukünftigen Zahlungsverpflichtungen nachkommen kann oder nicht.

Diese Planung ist das Ergebnis eines Zusammenspiels von Umsatz- und Ertragsplanung, Finanzierungsplanung und

Bilanzplanung. Je nach Unternehmensgröße also relativ komplex. Bei kleinen Unternehmen mit überschaubaren Zahlen und Verhältnissen reicht schon mal der Bierdeckel. Aber wichtig: Passt die Cash-Flow-Planung nicht, wird es auch keine Finanzierung geben. Weil von voneherein klar wird, dass die Kredite nicht zurückgezahlt werden können. So einfach ist das.

6. Fazit

Am Ende eines Kreditantrages fasst der antragstellende Kundenbetreuer in hoffentlich wenigen Worten noch einmal den Grund für den Antrag und dessen Inhalt zusammen. Er kommt zu einer „Vertretbarkeitsaussage". Sollte er zumindest. Ich kenne auch viele Fälle, an denen wird dies unterlassen. Was nichts Anderes bedeutet als „ich stelle mal einen Antrag; mal sehen, ob er durchkommt".

An der Stelle, an der Kundenbetreuer die Verantwortung über die Entscheidung von vorneherein der Marktfolge überlassen, ist es schon schlecht. Es hat eine ganz andere Wirkung, wenn der Kundenbetreuer im Kreditantrag ganz klar Stellung bezieht und zum Ausdruck bringt, warum er diesen Kreditantrag für vertretbar hält.

Dies ist eine Stelle, an welcher der Kunde eine aktive Unterstützung anbieten kann und auch sollte. Je umfassender der Kundenberater informiert ist, umso bessere

Argumente stehen ihm für seine Entscheidungsfindung zur Verfügung.

7. Wer entscheidet?

Die Antwort auf diese Frage ist einfach. Es entscheidet die Kreditabteilung.

Im täglichen Geschäft ist das Ganze etwas komplexer. Es gibt Kompetenzstufen. Entschieden wird immer im 4-Augen-Prinzip. Das sind 2 Augen des Beraters, 2 Augen des Sachbearbeiters der Kreditabteilung (auch „Marktfolge" genannt; entsprechend ist der Kundenbetreuer „Markt"). Brillenträger und Einäugige werden in der Zählung nicht besonders berücksichtigt.

Kundenberater und Kreditsachbearbeiter sind grundsätzlich gleichberechtigt. Können sie sich nicht einigen, und sieht der Kreditprozess eine Eskalationsstufe vor, werden die jeweiligen Vorgesetzten eingeschaltet. Die Eskalation wird ausdrücklich gewünscht. Es geht nicht um Streit, es geht um kritische

Auseinandersetzung. So die Theorie. Die Eskalationsstufen können ebenso theoretische bis zum Vorstand fortgesetzt werden. Das ist in Abhängigkeit zur Größe des gesamten Engagements (Summe aller Kredite für diesen Kreditnehmer) auch möglich.

An irgendeiner Stelle ist halt Schluss. Da gibt es dann keine weitere Eskalationsstufe, und sei es, weil nach dem Vorstand keiner mehr kommt. Und dann entscheidet …. die Kreditabteilung. Immer. Dort ist das letzte Wort. Vielleicht kann der Vorsitzende des Vorstandes die Marktfolge noch überstimmen. Aber damit begibt er sich auf sehr dünnes Eis. Geht der Kredit schief, hängt auch sein Kopf nur noch sehr lose auf den Schultern.

8. Rating – was und warum

Über da Rating wird viel diskutiert. Von „was soll das" bis „trifft für mich eh nicht zu" ist die Spannbreite der Kommentare weit und vielseitig.

Banken, Ratingagenturen und Auskunfteien drücken die Ergebnisse ihres Ratings ganz unterschiedlich aus. Von den Schulnoten 1-6 über AA+ ist alles dabei. Es gibt Tabellen, anhand derer man die Ratingnoten der Banken miteinander vergleichen kann. Wenn man auf diese Weise feststellt, dass die eine Bank zu einem guten Rating-Ergebnis kommt, die andere Bank jedoch zu einem mittelmäßigen oder gar schlechten Ergebnis, dann lohnt es sich schon einmal, die Gründe hierfür in Erfahrung zu bringen.

Die Basis für die Ratings sind immer die Gleichen. Es gibt unterschiedliche Verfahren, die dem Anlass und der Größe des Engagements angepasst werden. Auf 3 grundsätzliche Unterscheidungen oder Arten gehe ich hier näher ein:

1. Das Kontoscoring
2. Das Standardrating
3. Das Individuelle Rating

Das Kontoscoring

Anwendung im Privatkundengeschäft und im Geschäft mit kleinen Geschäftskunden.

Das Prinzip ist ganz einfach. Das Kontoverhalten wird automatisch beurteilt. Gibt es viele Umsätze, oder wenige? Wird das Konto im Rahmen getroffener Absprachen, also im Rahmen von Kontoguthaben oder einer eingeräumten Kreditlinie, geführt? Oder nicht?

Dieses „Wohlverhalten" entscheidet in diesem kleinen Kreditprozess automatisch, welche Kredite, in welcher Höhe und in welcher Konditionsbandbreite von dem Kundenbetreuer eingeräumt werden darf.

Kleine Kreditprozesse, das sind zum Beispiel Giro- oder Kontokorrentkredite, kleinere Konsumenten- Kredite.

Das Standardrating
Findet im Geschäfts- und Firmenkundenbereich Anwendung.

Man nehme eine Bilanz, oder eine Einnahmen-Überschuss-Rechnung, und erfasse sie nach festgelegten Vorgaben in einem Analysesystem. Der erste Grundstein für das Rating ist gelegt. Es folgt die Beantwortung einer Reihe von Fragen, die systemseitig gestellt und vom Kundenbetreuer beantwortet werden müssen. Die Informationen dazu erhält der Kundenbetreuer vom Kunden. Fertig ist das Rating.

Im Ratingprozess spielt auch die Höhe des bestehenden Kreditengagements sowie die Höhe der gegebenenfalls neu zu beantragenden Kredite eine Rolle. Das geht insgesamt nur bis zur einer bestimmten Höhe. Danach geht es in den Individualkreditprozess, der jedoch nicht allen Kunden offensteht.

Kreditprozesse, und damit Ratingprozesse, hängen je nach Bank auch immer mit deren

Zielgruppen zusammen. Auf Deutsch: ist der Kunde zu klein, dann geht nur der Standardprozess. Wünscht der Kunde mehr … falsche Bank.

Das individuelle Rating
Basiert von der Technik her auf dem Standardrating, also der Bilanzanalyse. Nur, dass die darauffolgenden Fragen wesentlich umfangreicher sind. Je nach Größe der Bank beschäftigen sich mit dieser Ratinganalyse und dem darauf basierenden Kreditprozess auch andere Kompetenzträger.

Im individuellen Kreditprozess geht auch viel mehr, als im Standard. Das ist nur natürlich. Vergleichen Sie das mit einem Autobauer. Die Modell- und Ausstattungsvarianten steigen mit der Größe und dem Wert des Fahrzeuges.

Über mich

Ein etwas anderer Banker

"Sie sind anders" oder " Sie sind kein gewöhnlicher Banker". Über Jahre hinweg habe ich diese oder ähnliche Sprüche immer wieder gehört. Von Kollegen und von Kunden. Ich fühle mich geehrt.

Es ist auch so. Ich blicke zu meinem Freund hinüber. Seit 25 Jahren kennen wir uns, haben viele Jahre zusammen in einem Büro verbracht. Ich schätze ihn sehr, als Mensch und als Fachmann. Unsere beruflichen Lebensläufe weichen dagegen stark voneinander ab. Während er, 2 Jahre älter als ich, seine komplette berufliche Laufbahn in der Bank verbracht hat, die ihm in absehbarer Zeit die 40jährige Ehrennadel durchs Revers in die Brust steckt, habe ich zwischendurch mal in einem Bergbau-Unternehmen im Export gearbeitet, bin als Leiter Finanzen eines mittelständischen Betriebes mit dem Inhaber in den Clinch gegangen und geflogen, habe bei einem Ausflug in die PV-Branche die Krise voll erwischt und eine

Insolvenz live erlebt. Ich habe in einem Zoo Laden Hamsterfutter und Fische verkauft, im Multilevel-Marketing-System Hausfrauen das Putzen erklärt.

Ich weiß, wie es sich anfühlt zu scheitern. Das ist mir mehr als einmal passiert.

Und doch bin ich ein Banker. Über 30 Jahre prägen. Bankausbildung, Auslandsabteilungen, Firmenkundenbetreuung. Und es ist weiß Gott nicht alles schlecht in den Banken. Aber wir brauchen heute ein anderes Banking, so wie wir ein anderes Wirtschaften brauchen. Wir wissen seit 20 Jahren, dass unsere Konzepte nicht funktionieren. Seit Jahren brechen die (Wirtschafts-) Systeme um uns herum zusammen und wir tun so, als beträfe es uns nicht. Der Dax steht bei 12.000 Punkten und für Deutschland wird ein stabiles Wachstum prognostiziert. Der Patient ist seit Jahren klinisch tot, liegt auf der Intensivstation und wird mit einer unüberschaubaren Anzahl von Schläuchen künstlich beatmet und mit Blut (Geld) versorgt.

Was wir nicht mehr brauchen sind Banker, die sich hinter einheitlichen Krawatten und Halstüchern verstecken, etwas Corporate Identity erzählen und dabei vollkommen außer Acht lassen, dass wir das Jahr 2016 schreiben.

Es gibt Banken, genauer gesagt Vorstände von Banken, die haben das verstanden. Versuchen, aus den Fehlern der Vergangenheit zu lernen und stellen sich die Frage, wie Banking in der Zukunft funktionieren kann.

Es gibt nach meiner Einschätzung aber noch immer viel mehr Banker, die an dem Status Quo festhalten, dass Maximum in der kürzesten Zeit herausholen wollen. Denen es unverändert egal ist, ob ihr Handeln zu Lasten der Kunden geht. Also der Menschen, die ihr Gehalt bezahlen. Das sind die Banker, von denen die Kunden im ganzen Land die Nase gestrichen voll haben.

Ich bin nicht der Banker gewesen, der sich von seiner Bank hat vorschreiben lassen, dass ein Kundengespräch ein Verkaufsgespräch ist, 30 Minuten dauern darf und mit einem Verkaufserfolg zu enden hat. Nein – an dieser Stelle ein deutliches Nein von meiner Seite - ich habe 3 Stunden mit einem Kunden am Tisch gesessen, davon 10 Minuten über das Geschäft gesprochen, und den Rest der Zeit über dessen Eheprobleme. Wie, der Berater ist doch kein Seelsorger??!! Das stimmt, zweifellos, aber er ist eine Vertrauensperson. Sollte er zumindest sein. Wenn unsere Kunden uns ihr Geld anvertrauen, oder wegweisende Entscheidungen über Investitionen, dann sprechen wir über Vertrauen. Und dieses Vertrauen muss man sich erarbeiten und verdienen. Das geht nicht von heute auf morgen, und schon gar nicht geht es, wenn man das Wort „Vertrauen" nur als Schlagwort im Marketing benutzt, aber keine Ahnung davon hat, was es bedeutet.

In einer Bank geht es wie in jedem Unternehmen darum, Erträge zu erwirtschaften. Die Frage des „wie" stellt sich auch in jedem Unternehmen. Also gibt es da keine so großen Unterschiede.

Für mich steht immer der Mensch im Mittelpunkt. Geschäfte werden von Menschen gemacht, Unternehmen von Menschen geführt. Immer.

Danke

Ein leises Schmunzeln läuft über mein Gesicht. Gerade habe ich für mich beschlossen, dass es jetzt genug ist. Für dieses Buch. Und da fällt mir ein, am Ende eines Buches stehen doch immer Danksagungen. Das finde ich gut, das mache ich auch.

Ich sage Danke an Jack und Marsha fürs Wegweisen und Mut machen zum Schreiben.

Danke an Kalina, Sascha, Isak, Annett und Sylvia für das Lesen, kommentieren und unterstützen.

Danke an alle Menschen, die mir im Leben begegnet sind, und mich all meine Erfahrungen haben machen lassen.

Danke an Kerstin.

Danke an mich, dass ich mir diesen Traum erfüllt habe.